rowohlt
POLARIS

Jan Philipp Burgard

AUSGETRÄUMT, AMERIKA?

Unterwegs in einem gespaltenen Land

Rowohlt Polaris

Originalausgabe
Veröffentlicht im Rowohlt Taschenbuch Verlag,
Reinbek bei Hamburg, März 2018

Fotos im Tafelteil S. 2–12: © Jan Philipp Burgard;
S. 1: © Dirk Anschütz
Lektorat Frank Strickstrock
Umschlaggestaltung HAUPTMANN & KOMPANIE Werbeagentur, Zürich
Umschlagabbildung Dirk Anschütz
Gesamtherstellung CPI books GmbH, Leck, Germany
ISBN 978 3 499 63376 8

Für Anna Maria

Inhalt

Die Suche beginnt

Meine Hände zittern nicht nur wegen der Kälte, als Anna und ich vor dem Lincoln Memorial in Washington aus dem Taxi steigen. Noch nie in meinem Leben war ich so aufgeregt. Anna ahnt nicht das Geringste. Ich glaube, in ihren Gedanken lesen zu können, dass sie lieber direkt ins Restaurant gefahren wäre, statt bei arktischen Temperaturen und zu später Stunde noch ein Monument zu besichtigen. Den ganzen Tag hat Anna mich von Museum zu Museum geschleift, aber angesichts der Minusgrade scheint ihr Wissensdurst ausgerechnet jetzt am Lincoln Memorial gestillt zu sein. Außer uns ist kaum noch ein anderer Besucher zu sehen. Wahrscheinlich findet Anna meine Idee völlig verrückt, hier auf dem Weg zum Dinner noch haltzumachen. Und hätte sie vorher gewusst, dass ich sie nötigen würde, noch Dutzende Stufen zu erklimmen, die zu dem tempelartigen Bau hinaufführen, so hätte sie mit Sicherheit andere Schuhe angezogen. Doch sie lässt sich nichts anmerken. Als wir oben ankommen und an den dorischen Säulen vorbeischreiten, verspüre ich einen

Hauch Erleichterung. Denn obwohl die Eiseskälte Annas Beine merklich zittern lässt, zieht die Magie dieses Ortes sie sofort in ihren Bann.

Dunkelheit herrscht in der Ruhmeshalle, nur Abraham Lincoln erscheint in geheimnisvollem Licht. Erschaffen aus weißem Marmor und stolze sechs Meter groß, blickt er von seinem Thron auf uns herab. Gütig, aber auch mit einer gewissen Strenge. «Das ist der wichtigste Moment deines Lebens. Vermassele es jetzt bloß nicht», höre ich Lincoln zu mir sprechen. Mein Puls geht schneller. «Wirklich beeindruckend», sagt Anna im Brustton der Überzeugung. «Aber sollen wir uns das nicht lieber noch mal im Hellen angucken, wenn es etwas wärmer ist? Vielleicht steht unser Taxi ja noch da unten.»

Jetzt habe ich ein ernsthaftes Problem. Soll ich meinen Plan besser verschieben? Oder würde ich dann unter den Augen des größten Präsidenten in der Geschichte der USA wie ein kleiner Drückeberger dastehen? Ich entscheide mich, an meinem Plan festzuhalten – und sofort stehe ich vor dem nächsten Problem. In der Dunkelheit finde ich die Stelle auf dem Boden nicht mehr, in der das Zitat eingemeißelt ist, das als Überleitung zu meiner alles entscheidenden Frage dienen soll. Jetzt marschiert auch noch eine Kleingruppe japanischer Touristen in unsere Richtung, die mit ihrem heiteren Geplapper im Begriff ist, die Intimität des Moments zu zerstören. Nun ist Improvisationstalent gefragt. Behutsam greife ich nach Annas Hand und ziehe sie entschlossen aus der Ruhmeshalle – weg von den japanischen Touristen, weg vom Fluchtweg zum Taxistand, weg vom strengen Mr. Lincoln. Ich führe Anna zur äußeren Säule des Tempels, weit und breit ist niemand mehr in Sicht. Dafür eröffnet sich hier ein atemberaubender Blick auf das Wasserbassin vor dem Lincoln Memorial, den sogenannten Reflecting Pool. Dahinter ragt ein riesiger Obelisk in die Höhe, das Washington Monument. Und in der Ferne erinnert uns die majestätische Kuppel des Kapitols daran, dass wir uns im Herzen der Weltmacht USA befinden.

«Wusstest du, dass dort vorne eine der bedeutendsten Reden in der Geschichte Amerikas gehalten wurde?», frage ich Anna und deute mit der Hand so souverän wie unter diesen Umständen möglich, in die Richtung der Stelle, wo ich die besagte Inschrift im Boden vermute. Anna schaut mich fast regungslos an, vielleicht ist sie schon schockgefroren. «Dort vorne hat Martin Luther King im August 1963 seine berühmte Rede gehalten», fahre ich fort. «Hunderttausende hatten sich hier rund um das Lincoln Memorial versammelt.» Anna scheint resigniert zu haben, ihr Blick wandert nicht mehr in die Richtung des Taxistands. Das ist meine Chance. Jetzt oder nie. «I Have a Dream!, hat Martin Luther King damals gerufen, und auch ich habe einen Traum. Ich träume davon, bis in alle Ewigkeit mit dir zusammen zu sein und eine Familie mit dir zu gründen. Ich träume davon, irgendwann mit dir und unseren Kindern hier in Amerika zu leben.»

Anna legt ihren Kopf an meine Schulter. «Das ist auch mein Traum», sagt sie liebevoll. Mein Herz hüpft. Aber die Tragweite meiner Worte scheint sie irgendwie noch nicht begriffen zu haben. Kein Wunder, in der Aufregung habe ich ganz vergessen, auf die Knie zu gehen und den Ring aus der Manteltasche zu ziehen. Das hole ich jetzt nach und stelle die entscheidende Frage. Sie strahlt und fällt mir in die Arme.

Diesen historischen Moment möchten wir natürlich mit einem Foto festhalten. Doch als wir gerade abdrücken wollen, taucht wie aus dem Nichts plötzlich eine Großfamilie vor unserer Säule auf. Sechs Kinder umschwärmen uns. «Soll ich ein Bild von euch machen?», fragt die Mutter der Kompanie freundlich und pfeift ihre Kinder zurück. Dankbar und überschwänglich drücken wir ihr das Handy in die Hand. Während sie die perfekte Einstellung sucht, erzählt sie, dass sie mit der ganzen Familie aus dem US-Bundesstaat Utah angereist sind, um sich die Hauptstadt anzusehen. Sie seien Mormonen. Dann geht die Frau extra auf die Knie, um das Foto von uns aus dem perfekten Winkel zu schießen.

«Es ist äußerst nett von Ihnen, dass Sie für uns sogar auf die Knie gehen», sage ich. «Ich bin zufällig auch gerade auf die Knie gegangen, um meiner Freundin einen Heiratsantrag zu machen.» Die Frau aus Utah springt auf und umarmt uns wie eine enge Verwandte. «Herzlichen Glückwunsch! Gott schütze euch! Gott möge euch viele Kinder schenken!»

Und der liebe Gott scheint damals sehr genau zugehört zu haben. Er hat es wirklich gut mit uns gemeint. Inzwischen leben wir in Washington und sind stolze Eltern einer kleinen Tochter. Unser persönlicher amerikanischer Traum erfüllt sich.

Und der amerikanische Traum beschäftigt mich weiter, jetzt beruflich. Einer meiner ersten Arbeitstage als Korrespondent im ARD-Studio Washington war der letzte Arbeitstag von Präsident Barack Obama. Kein anderer Politiker hat aus meiner Sicht den amerikanischen Traum so sehr verkörpert wie er. Und jedenfalls den Traum des Bürgerrechtlers Martin Luther King, der gegen die Rassentrennung kämpfte und deshalb ermordet wurde. Der erste schwarze Präsident in der Geschichte der USA war in meiner Wahrnehmung auch der lebende Beweis, dass man in Amerika, selbst aus einfachen Verhältnissen stammend, alles im Leben erreichen kann, wenn man nur hart genug dafür arbeitet. Obama wuchs ohne Vater auf, er studierte Jura und arbeitete sich vom Sozialarbeiter in Chicago zum Senator in Washington hoch. Weil ihm kein Traum zu groß erschien, trat der junge, international noch völlig unbekannte Politiker 2008 bei den Präsidentschaftswahlen an – und triumphierte. Nun ist seine Ära zu Ende. An Obamas letztem Tag als Präsident schaute ganz Amerika ausgerechnet auf «unser» Lincoln Memorial. Dies hatte mit Obamas Nachfolger zu tun. Zu Ehren von Donald Trump wurde hier am Vorabend seiner offiziellen Amtseinführung ein Konzert gegeben.

Als ich Trump vor der Statue Lincolns posieren sah, konnte ich immer noch nicht ganz fassen, dass er der neue Präsident der Vereinigten Staaten sein wird. Denn im Wahlkampf hatte der frühere Unternehmer und Reality-TV-Star so ziemlich das Gegenteil von dem verkörpert, was man von einem großen amerikanischen Staatsmann erwarten würde. Statt die Gesellschaft zu einen, hat er ihre Spaltung vorangetrieben. Statt Hoffnung zu verbreiten, hat er Angst und Wut gesät.

Trump bezeichnete Mexikaner pauschal als «Vergewaltiger», die «Drogen und Verbrechen bringen», und versprach, eine «große, schöne, mächtige Mauer» an der Grenze zum Nachbarland Mexiko hochzuziehen. Barack Obama nannte er einen «Gründer» des sogenannten Islamischen Staates. Den Namen seiner Gegnerin Hillary Clinton verwendete er selten ohne das Adjektiv «betrügerisch». Trump bestritt die Existenz der globalen Erwärmung. Unbequeme Fragen einer Journalistin erklärte der Präsidentschaftskandidat indirekt mit ihrer Menstruation. Doch selbst als kurz vor der Wahl ein Video aus Trumps Zeit als Reality-TV-Star auftauchte, in dem er damit protzte, Frauen nach Belieben zwischen die Beine greifen zu können, ohne Gegenwehr fürchten zu müssen, schadete ihm dies nicht. «Ich könnte auf der 5th Avenue stehen und jemanden erschießen und würde keine Wähler verlieren.» Mit diesem Satz hatte Trump vermutlich recht. Entgegen vieler Voraussagen von Umfrageforschern und Experten gewann er die Präsidentschaftswahl. Die ganze Welt war überrascht, teilweise schockiert. Was war passiert?

In seiner Siegesrede in der Wahlnacht sagte Trump einen Satz, der mich aufhorchen ließ. «Wir werden den amerikanischen Traum erneuern.» Lag genau hier der Schlüssel zu Trumps Erfolg? Hatten die für ihren Optimismus bekannten Amerikaner den Glauben daran verloren, dass sich der Traum vom eigenen Haus und von einer soliden Ausbildung für die Kinder erfüllt, wenn sie nur hart genug dafür arbeiten? Tatsächlich dachte im Wahljahr mehr als die Hälfte der Amerikaner, dass es ihren Kindern schlechter gehen wird als ihnen selbst. Und vieles deutet darauf hin, dass sozialer Aufstieg in den USA immer schwerer wird. Während die Reichen immer reicher werden, werden die Armen immer ärmer. Die reichsten zehn Prozent besitzen 75 Prozent des Gesamtvermögens. Die Mittelklasse schrumpft. Die Reallöhne sind seit mehr als 20 Jahren nicht gestiegen. Aber inzwischen verdient ein Vorstandsvorsitzender eines mittelgroßen US-Konzerns rund 350-mal so viel wie ein einfacher Angestellter. Rund 50 Millionen Amerikaner leben laut US-Statistikbehörde unter der Armutsgrenze und sind auf Lebensmittelmarken des Staates angewiesen. Warum wird dieser Riss, der durch die amerikanische Gesellschaft geht, immer schneller immer größer? Funktioniert der Aufstieg vom Tellerwäscher zum Millionär nur noch in Hollywood-Filmen? Warum glauben Millionen von sozial abgehängten Amerikanern, dass ihnen ausgerechnet ein bereits in eine reiche Familie hineingeborener Milliardär aus Manhattan ihren amerikanischen Traum zurückgeben wird? Und wie verändert Donald Trump dieses Land, das wir zu kennen glaubten, aber das uns nun immer fremder wird?

Antworten auf diese Fragen verspreche ich mir nicht gerade von Politikern in der als «Blase» bekannten Hauptstadt Washington. Ich will nicht *über* die Menschen draußen im Land sprechen, sondern *mit* ihnen. Brechen wir auf zu einer Reise kreuz und quer durch Amerika. Auf der

Route 66 werden wir ein Stück von Mike mitgenommen, dem Mechaniker. Er versucht, die gute alte Zeit zurückzuholen, indem er Oldtimer repariert. Wir werden Joshua und Brook kennenlernen, die am Straßenrand in einer Sozialwohnung leben und dort ihren Sohn großziehen. Wir werden Tom treffen, den Trucker, der fahren muss, bis er tot umfällt. Ihre Geschichten können uns mehr über Amerika verstehen lassen als manche Statistik oder Studie. In West Virginia werden wir die Hillbillys besuchen, die «Hinterwäldler», die im Rest Amerikas oft belächelt werden. Aber in ihren Wäldern, Kohlegruben und Herzen verbirgt sich ein Geheimnis über die Seele Amerikas.

Ich hatte immer geglaubt, der amerikanische Traum bedeute nicht nur das Versprechen von gesellschaftlichen Aufstiegsmöglichkeiten für Amerikaner. In meiner Vorstellung durfte jeder, unabhängig von Herkunft und Hautfarbe, in den USA sein Glück suchen und finden. So sagt es Lady Liberty, die Freiheitsstatue in New York, in ihrer Inschrift: «Gebt mir eure Müden, eure Armen, eure geknechteten Massen, die frei zu atmen begehren. Die bemitleidenswerten Abgelehnten eurer gedrängten Küsten. Schickt sie mir, die Heimatlosen, vom Sturme Getriebenen.» Donald Trump hingegen verkündete ein Einreiseverbot für Menschen aus sechs mehrheitlich muslimischen Ländern. Außerdem unterschrieb er einen Erlass, um den Bau der Mauer an der Grenze zu Mexiko vorzubereiten. Damit löste er zwar international eine Welle der Empörung aus, und in einigen Teilen der USA kam es zu Protesten – eine Überraschung sind Trumps Taten allerdings nicht. Der Präsident versucht wohl schlicht, die Versprechen einzulösen, für die er gewählt wurde.

Woher aber stammen all die Angst und die Wut so vieler Amerikaner, die Trump mit seiner Fremdenfeindlichkeit als Sprachrohr und Vertreter ihrer Interessen empfanden? In den schneebedeckten Bergen Montanas suchen wir nach einer Erklärung für den erstarkenden Rechtsextremismus in den USA. Dort erleben wir auch, wie sich der amerikanische Traum für die Familie Han zu einem Albtraum zu verwandeln droht. In der Wüste Arizonas werden wir den Rancher Jim fragen, warum er hofft, dass ausgerechnet auf seinem Grundstück die Mauer zu Mexiko errichtet wird. Und wir werden dort den aus Mexiko stammenden Sheriff fragen, wie er über die Mauer denkt. Was die neue Abschottungspolitik für die Wirtschaftsmacht USA und für ihre Innovationskraft bedeutet, erleben wir im Silicon Valley. Und wie gespalten das Land zwischen unbedingtem Fortschrittsglauben und dem Wunsch nach einer Rückkehr in vergangene Zeiten ist, können wir in Las Vegas beobachten. In Texas sind wir dabei, wenn kleine Jungen mutig auf Bullen reiten, ihre Eltern aber Angst vor der Welt jenseits des Zaunes ihrer Ranch haben. Abends im Fernsehen läuft ausschließlich der politisch rechtslastige Sender Fox News. Ob die Medien zur Spaltung des Landes beigetragen haben, wollen wir im Presseraum des Weißen Hauses herausfinden. In Washington drängt sich auch die Frage auf, ob Donald Trump einen Psychiater braucht. Sein großes Vorbild Richard Nixon ließ immerhin gezielt verbreiten, er sei verrückt geworden. Wer in Amerika krank wird, steckt schnell in finanziellen Schwierigkeiten. Denn Millionen US-Bürger sind nicht, oder unzureichend versichert. In Kentucky erfahren wir, woran das System krankt.

Außerdem machen wir uns auf den weiten Weg nach Alaska. Denn Donald Trump hat den Klimawandel als «Erfindung der Chinesen» bezeichnet. Auf einem riesigen Gletscher treffen wir den Wissenschaftler Eran Hood. Er weist nach, wie schnell das Eis schmilzt und erklärt uns, warum er sich durch Präsident Trump in seiner Arbeit bedroht sieht. In Alaska begegnen wir auch dem Inupiat-Eskimo Esau Sinnok. Er nimmt uns mit auf seine Insel, die wegen des Klimawandels nach und nach im Meer versinkt. Vielleicht verrät er uns auch, ob er trotzdem noch Hoffnung hat für sich selbst und für Amerika. Ich freue mich, dass sie mich begleiten, auf der Suche nach dem verlorenen Traum.

Die Straße der geplatzten Träume

Unterwegs auf der Route 66

Die Route 66 ist viel mehr als eine Straße. Wer auf ihr unterwegs ist, sucht den amerikanischen Traum von grenzenloser Freiheit. Und die Route 66 ist der zu Asphalt gewordene Glaube, dass jeder einen Neuanfang schaffen kann, selbst wenn das Schicksal ihn hart getroffen hat. Begründet wurde dieser Mythos schon während der Weltwirtschaftskrise in den 1930er Jahren. Verheerende Staubstürme suchten Teile der «Great Plains» (Großen Ebenen) östlich der Rocky Mountains heim und verwandelten große Gebiete, die von der Landwirtschaft lebten, in «Dust Bowls» («Staubschüsseln»). Dürren zwangen Hunderttausende Farmer und ihre Familien, sich auf den Weg ins westliche Kalifornien zu machen, um dort nach fruchtbarem Land zu suchen. Die Route 66 war die Straße, auf der sie dem Neuanfang entgegenfuhren. Der Schriftsteller John Steinbeck hat die Geschichte dieser Farmer in seinem Roman «Früchte des Zorns» erzählt und beschrieb die Route 66 als «Mutter aller Straßen.» Selbst als die einfache, oft kurvenreiche Landstraße ab Mitte der 1950er

Jahre nach und nach durch die moderne Autobahn Interstate 40 ersetzt wurde, bestand der Mythos fort.

Aber existiert der amerikanische Traum auch heute noch in den Menschen, die am Rande der Route 66 leben? Das möchte ich in Arizona herausfinden. Hier liegt der längste verbliebene Originalabschnitt der Route 66. Schon nach kurzer Zeit entdecke ich im Vorbeifahren direkt neben der Straße einen Ort, der uns viel über Amerika verrät. Auf einem umzäunten Platz steht ein Oldtimer neben dem nächsten. Unzählige Autos aus einer goldenen, aber längst vergangenen Zeit.

Ich klopfe an die Tür einer Werkstatt in der Mitte des Platzes und trete einfach ein. Etwas verdutzt schaut mich ein Mann mit Igelhaarschnitt und leicht ergrautem Vollbart an. Er trägt ein langärmliges T-Shirt mit Superman-Logo auf der Brust und stellt sich mir als Mike O'Neal, Mechaniker, vor. Für einen Mann, der täglich harte körperliche Arbeit verrichtet, ist er relativ schmächtig. Mike schleift gerade an einem Wagen, von dem nur noch die Karosserie aus Stahl und Holzteilen übrig ist. Es ist ein Ford V8. In so einem Wagen sei das legendäre Gangsterpaar Bonnie und Clyde auf der Flucht gewesen, erklärt mir Mike. Hiermit habe er noch einige Monate Arbeit vor sich. Aber er verleihe selbst der ältesten Rostlaube neuen Glanz. Zum Beweis führt mich Mike stolz zu seinem aktuellen Meisterwerk, einem rosafarbenen Cadillac. «Das ist genau das Modell, das Elvis Presley seiner Mutter geschenkt hat.» Der Cadillac ist von atemberaubender Schönheit. Ich frage Mike, ob ich den Wagen anfassen darf. Er lächelt und nickt, ich lasse die Finger meiner rechten Hand über die formvollendete Heckflosse gleiten.

Mike restauriert nicht einfach Autos, er hat seine Lebensaufgabe gefunden. «Manchmal haben die Besitzer Tränen in den Augen, wenn sie ihr restauriertes Auto abholen», verrät Mike. «Sie haben dann das Gefühl, die gute alte Zeit lebe wieder auf.» Dieser guten alten Zeit trauert Mike hinterher. Doch ausgerechnet jetzt will ihm die Rückreise in diese Zeit nicht so recht gelingen. Als er mich in einem weißen Chevrolet Deluxe aus dem Jahr 1949 auf eine Probefahrt mitnehmen will, springt der Motor nicht an. Qualm dringt aus dem Armaturenbrett in den Innenraum. Mike wird nervös, immer wieder drückt er auf den Startknopf. Seine ölverschmierten Hände weisen Verformungen auf, als sei ihm schon mehrfach schweres Werkzeug ausgerutscht. Immerhin hört es schnell auf zu qualmen. «Das war wohl nur Staub auf dem Radio, der sich erhitzt hat», meint Mike. Er öffnet die Motorhaube, schleppt einen Benzinkanister herbei und füttert den Tank. Dann betätigt er wieder den Startknopf. «Komm schon, Baby», beschwört er den Chevrolet heiser. Seine Stimme klingt etwas ungeölt – wie die eines Mannes, der kaum spricht, während er sein Tagewerk vollbringt. Endlich springt der Motor an, es war tatsächlich nur der Tank leer gewesen.

Jetzt nimmt Mike mich mit, auf seine Route 66. Hier wagte er mit Anfang 50 einen Neuanfang, als er vor einigen Jahren in Nevada seine Arbeit als Mechaniker verlor. «Unsere Jobs wanderten nach China. Aber auch hier muss ich wieder kämpfen, um überhaupt Arbeit zu haben», sagt Mike, während er behutsam die Geschwindigkeit des Chevrolets steigert. Die tief stehende Sonne taucht die Straße in goldenes Licht. Ich frage ihn nach seinem persönlichen amerikanischen Traum. «Einfach gut zu leben und voranzukommen. Das ist mein amerikanischer Traum. Doch für teure Hobbys wie Oldtimer haben viele Leute kein Geld mehr. Unser Land ist insgesamt in keiner guten Verfassung. Das muss repariert werden», sagt Mike. Der richtige Mann für diese Reparatur sei Donald Trump. Als Geschäftsmann wisse der schließlich genau, wie man die Wirtschaft wieder in Schwung bringe. Besonders gefällt Mike das Versprechen Trumps, dafür zu sorgen, dass in den USA wieder mehr produziert werde. «Wir haben viel zu lange japanische Autos gekauft und dabei verlernt, selbst gute Autos zu bauen. Das muss sich ändern.» Der Chevrolet, in dem wir auf der Route 66 unterwegs sind, sei das perfekte Beispiel für die großen Leistungen, zu denen die amerikanische Autoindustrie einst imstande war. «Donald Trump wird diese Zeit zurückbringen», da ist sich Mike sicher. Als Mike den Chevrolet wieder langsam in die Werkstatt rollt, entdecke ich eine kleine braune Puppe, die kopfüber von der Decke hängt. «Ist das eine Voodoo-Puppe?», frage ich. «Nein, das ist Obama.»

Arizona ist bekannt für seine Wüsten. Erst mit der Verbreitung von Klimaanlagen in den 1960er Jahren siedelten sich viele Amerikaner hier an. Heute hat Arizona knapp sieben Millionen Einwohner und ist einer der am schnellsten wachsenden US-Bundesstaaten. Politisch ist Arizona so rot wie der Grand Canyon. Rot ist die Farbe der Republikanischen Partei, die hier bei Präsidentschaftswahlen seit Jahrzehnten fast immer das Rennen macht. Ich fahre nach Flagstaff, einer demokratischen Enklave und Trutzburg. Viele Liberale leben in dem bunten Universitätsstädtchen. Flagstaff verdankt seinen Namen Siedlern, die nach Westen zogen und hier anhielten, um den Unabhängigkeitstag der Vereinigten Staaten zu feiern. Die Siedler wollten die amerikanische Flagge hissen, doch es fehlte ein Mast. Also köpften sie einen Baum und befestigten daran die Flagge. So sagt es zumindest die Legende.

Als Bierliebhaber fällt mir sofort das Schild einer Brauerei ins Auge, die «Motherroad» heißt und ein Auto in ihr Emblem aufgenommen hat. Der Geruch von Malz liegt in der Luft. Ein Arbeiter in Gummistiefeln klettert eine Leiter empor und macht sich an einem der meterhohen Kessel zu schaffen. Auch hier ist man trotz meines unangekündigten Besuchs sofort sehr gastfreundlich. Eine junge Frau mit modischem Kurzhaarschnitt und auffälligen türkisfarbenen Ohrringen stellt sich als die Chefin vor. Alissa Marquess stammt aus der Gegend. Was es ihr bedeute, direkt an der Route 66 aufgewachsen zu sein? «Für mich bedeutet die Route 66 Heimat. Sie ist ein Sinnbild der Möglichkeiten, der Reise und des Abenteuers.»

Das Abenteuer Brauerei hat sie vor fünf Jahren mit ihrem Mann Michael gestartet. Alissa hat eigentlich Tanz und Kunst studiert. Michael war Unternehmensberater, doch irgendwann sah er keinen Sinn mehr in seinem Job.

Heute braut das Ehepaar nicht nur mit Leidenschaft, sondern auch mit Erfolg. 650 000 Liter Motherroad produzieren sie pro Jahr. Die Nachfrage ist so groß, dass sie die Kapazität verfünffachen wollen. Die sogenannten Craft-Biere boomen in den USA. In den letzten zehn Jahren sind landesweit rund 3000 Minibrauereien entstanden. Motherroad sucht den Wettbewerb und soll irgendwann nicht nur in Arizona vertrieben werden, sondern entlang der gesamten Route 66 fließen – von Chicago in Illinois bis Santa Monica in Kalifornien. Neun verschiedene Sorten sind schon jetzt im Sortiment, darunter ein Schwarzbier namens «Lost Highway» und sogar ein Kölsch-Style-Ale. Alissa zwingt mich förmlich, einen Schluck zu probieren, und will wissen, ob ihr Kölsch mit dem in Deutschland mithalten kann. Es kann.

Alissa lebt ihren Traum, da muss sie keine Sekunde überlegen. Drei Kinder mit einem eigenen Unternehmen ernähren zu können, das ihr und ihrem Mann jeden Tag Freude bereite, sei ein unbeschreibliches Glück. Sie glaubt, dass der amerikanische Traum auch allgemein noch lebt. «Allerdings kämpft unsere Gesellschaft gerade mit viel Rassismus. Das darf den amerikanischen Traum aber nicht zerstören, sondern muss uns reifen lassen. Wir brauchen endlich eine große Debatte darüber, was für eine Gesellschaft wir sein wollen.» Alissa missfällt, dass es in der Politik keine kultivierte Streitkultur mehr gebe und das Land nach außen hin gespalten erscheine. Man müsse sich wenigstens einigen können, sich nicht einig zu sein. Das gehe übrigens am besten bei einem Bier.

Auf Donald Trump angesprochen, wird Alissa etwas vage. «Als Unternehmer leben wir in einer Grauzone. Manchmal vertreten wir eher konservative Politik, zum Beispiel wünschen wir uns weniger Regulierung. Als Kleinbetrieb ernähren wir schließlich 14 Familien. Privat hingegen vertreten wir eher liberale Ansichten.» In dem kleinen Schankraum, der direkt neben den Braukesseln liegt, spricht sie nur sehr ungern über Politik. Sie erzählt mir lieber die Geschichte der Theke, die aus dem Holz eines Waldes am Rande der Route 66 geschreinert worden sei. Der Schreiner setze auf «Nachhaltigkeit». In diesem Teil Amerikas hört man das Wort «Nachhaltigkeit» nicht allzu oft, deshalb lasse ich mir von Alissa den Namen und die Adresse des Schreiners geben.

Draußen vor den Toren von Flagstaff führt ein langer Schotterweg zu Silas Page. Umgeben von Wäldern, hat er auf einer großen Freifläche ein kleines Sägewerk aus dem Boden gestampft. Silas bedient gerade die Hebel einer Maschine, die mit unerschütterlicher Präzision die Rinde von einem Baum schält. Dabei trägt er eine dunkle Schutzbrille, die seine Augen vor den umherwirbelnden Sägespänen schützt. Die Maschine ist so laut, dass man sein eigenes Wort nicht mehr versteht. Als der Baum skalpiert ist und die Säge endlich schweigt, erzählt mir Silas seine Geschichte. Direkt nach dem Biologiestudium war ihm klar, dass er seine Philosophie von Nachhaltigkeit am besten als Selbständiger umsetzen kann. «Ich verwende vor allem Holz, das sonst weggeworfen worden wäre. Zum

Beispiel Bäume aus Wäldern, die für den Straßenbau abgeholzt wurden oder aus Aufforstung stammen», erklärt Silas, der trotz beträchtlicher Kälte nur ein Holzfällerhemd trägt. «Außerdem verkaufe ich meine Produkte nur in der Umgebung. Das spart Transportkosten und ist gut für die Umwelt.»

Leben und arbeiten im Einklang mit der Natur – Silas hat seinen persönlichen Lebenstraum verwirklicht. Und auch Amerika insgesamt sieht er noch auf dem richtigen Weg. «Ich denke, der amerikanische Traum lebt immer noch. Er hat sich vielleicht schleichend verändert, denn man muss ein bisschen härter arbeiten, um den Traum zu realisieren. Und heute braucht man dafür Bildung, während Amerika früher eher eine von Produktion geprägte Gesellschaft war.» Die größte Sorge mache ihm der Umgang Amerikas mit der Natur. «Wir vergessen manchmal, dass auch zukünftige Generationen noch hier leben wollen», sagt Silas.

Während ich ihm zuhöre, kann ich mir nicht verkneifen, aus dem Augenwinkel seine Finger zu zählen. Denn als kleines Kind war ich begeistert von der Schauergeschichte eines Großonkels, der als Schreiner bei der Anfertigung eines Bücherregals einen Daumen verloren hatte. Silas allerdings hat nicht nur das Wohl der nachfolgenden Generationen fest im Blick, sondern auch seine eigenen Hände.

Auf der Weiterfahrt bemerke ich direkt am Straßenrand ein riesiges, rechteckiges Schild mit der roten Aufschrift «66 Motel». Ich erinnere mich, dass ich einen Zeitungsartikel über dieses Motel gelesen habe, und trete etwas zu abrupt auf die Bremse, sodass der Pick-up-Truck hinter mir mein Abbiegemanöver mit einem vorwurfsvollen Hupen quittiert. Das 66 Motel wurde vor einigen Jahren in Sozialwohnungen umfunktioniert. Wo früher Touristen schliefen, leben heute Amerikaner, für die der Alltag zum permanenten Überlebenskampf geworden ist. Vor einigen der «Zimmer» stehen Einkaufswagen mit Krimskrams. Hinter einer der Türen bellt feindselig ein mutmaßlich großer Hund. Ich hoffe, dass einer der Bewohner den Parkplatz betritt und sich zufällig ein Gespräch ergibt. Doch es vergehen zehn Minuten, ohne dass sich jemand blicken lässt. Ich beschließe, einfach an einer der Türen zu klopfen, und entscheide mich für jene, die am weitesten von dem Gebell entfernt ist. Es ist die Nummer 31. Ein Dreirad steht vor der Tür. Nach einer Weile öffnet eine junge Frau mit knallpink gefärbten Haaren. Eine Wolke aus warmem Dunst und Zigarettenqualm schlägt mir aus dem Inneren des Apartments entgegen.

«Was willst du?», fragt mich die Frau mit den pink Haaren.

«Ich bin hier gerade vorbeigefahren und habe mich gefragt, wie es ist, direkt an der Route 66 zu wohnen», sage ich so harmlos wie möglich.

«Wie soll das schon sein?»

«Na ja, die Route 66 ist ja ein Stück amerikanische Geschichte. Sind Sie stolz, so eng mit dieser Geschichte verbunden zu sein?»

Aus dem Hintergrund des Zimmers kommt ein junger

Mann hinzu, der einen Säugling auf dem Arm hält. Er schaut mich deutlich weniger misstrauisch an als die Frau.

«Ob wir stolz sind, hier zu wohnen?», wiederholt er meine Frage. Ich nicke so offenherzig, wie ich kann, um ihm klarzumachen, dass ich ihn nicht veräppeln will. Jetzt ist dem jungen Mann anzusehen, dass er sich diese Frage noch nie gestellt hat, dass er noch nie auf die Idee gekommen ist, sein Leben hier mit dem Wort «Stolz» in Verbindung zu bringen. Doch ganz offensichtlich findet er Gefallen an dieser Frage. «Irgendwie ist es schon toll, hier zu leben. Viele verschiedene Menschen aus der ganzen Welt fahren hier entlang. Viele sind auf Motorrädern unterwegs. Mein Name ist übrigens Joshua.»

«Mein Name ist J. P.», sage ich. Die allermeisten Amerikaner sprechen Jan wie Jane aus. Als ich mich vor vielen Jahren bei einem amerikanischen Kameramann darüber beschwerte, phonetisch immerzu kastriert zu werden, empfahl er mir, mich doch einfach J. P. zu nennen. Und irgendwie hat sich J. P. selbst bei meinen Freunden und Kollegen in Deutschland eingebürgert.

«Unser Sohn heißt auch J. P. Das steht für John Patrick», sagt die Frau in Pink ganz begeistert. Sie stellt sich mir als Brook vor. Plötzlich ist auch bei ihr das Eis gebrochen. Wir setzen uns auf die Treppenstufen vor ihrem Apartment. Auch Brook findet es nach kurzer Bedenkzeit irgendwie klasse, an der Route 66 zu wohnen. Schließlich seien ganze Songs darüber geschrieben worden, und sogar in dem Animationsfilm «Cars» habe die Route 66 eine wichtige Rolle gespielt.

Joshua und Brook erzählen mir, dass sie Anfang 20 sind. Beide haben sie die Schule abgebrochen und arbeiten bei der Fastfood-Kette Wendy's. Sie tagsüber, er nachts. Einer von beiden kann so immer auf J. P. aufpassen. Obwohl die jungen Eltern Vollzeit arbeiten, reicht das Geld nur für die Sozialwohnung hier, die immer noch 600 Dollar kostet. Flagstaff sei nun mal eine Uni- und Touristenstadt. Etwas Günstigeres finde man hier in der Ecke nicht, erklärt mir Joshua. Sie hätten überlegt wegzuziehen, aber sie seien schließlich hier aufgewachsen. Und trotz der verhältnismäßig hohen Miete sind sie mit der kleinen Wohnung, die früher ein Hotelzimmer war, zufrieden. Unter einer ganzen Reihe von Bewerbern wurden sie ausgelost. Zum ersten Mal in seinem Leben habe er Glück gehabt, meint Joshua. «Bevor wir hier einzogen, war ich obdachlos. Ich weiß, wie es sich anfühlt, im Schnee zu schlafen. Das ist kein Vergnügen. Und die Regierung versteht überhaupt nicht, was draußen in der Welt los ist.» Etwa fünf Millionen Haushalte in den USA erhalten Mietzuschüsse vom Staat, um sich ein Dach über dem Kopf leisten zu können. Darunter sind viele Senioren, Veteranen oder Menschen mit Behinderungen. Aber deutlich mehr als die Hälfte der in Sozialwohnungen lebenden Amerikaner sind Arbeiter mit sehr niedrigem Einkommen wie Joshua und Brook.

Bei der Präsidentschaftswahl ist Joshua zu Hause geblieben, denn es gab keinen Kandidaten, der seinen amerikanischen Traum in ein politisches Programm gegossen hätte. «Ich wünsche mir einen Präsidenten, der dafür sorgt, dass alle Amerikaner gleich sind, dass es weder arm noch reich gibt. Donald Trumps Reichtum beruht doch nur darauf, dass er einfache Arbeiter auf seinen Baustellen und in seinen Hotels ausgebeutet hat.» Joshua hat das Gefühl, dass er noch so hart arbeiten kann und es am Ende doch nie für ein komfortables Leben reichen wird.

Von zu Hause hatte er nie Unterstützung. Der Vater saß viele Jahre im Gefängnis. Die Mutter bekam Krebs. Weil sie nicht versichert war, verschlang ihre Behandlung alle Ersparnisse. Joshua pflegte sie, so gut er konnte, doch es blieben weder Zeit noch Kraft für einen Job. Als seine Mutter starb, konnte Joshua die Wohnung nicht mehr halten. Er lebte in seinem Auto, bis er auch das verkaufen musste. Dann kamen die Nächte im Schnee. Der Job bei der Fastfood-Kette brachte die Wende. Sein großes Ziel ist es, Feuerwehrmann zu werden. Wie realistisch das ist? Joshua zuckt mit den Schultern.

Seine Freundin Brook träumt davon, einmal im Leben nach Hawaii zu reisen. Ihre Oma habe ihr immer erzählt, dass dort alles blühe. Die Menschen seien sehr religiös. Und es gebe leckeren Fisch. Den Traum vom eigenen beruflichen Aufstieg hat Brook aber bereits begraben. Sie hat sich damit abgefunden, bis ans Ende ihres Lebens Hamburger durch eine Fensterscheibe in Autos zu reichen und sich gelegentlich von den Kunden wie Dreck behandeln zu lassen. Nur für ihren Sohn hat sie noch Hoffnung. «Ich möchte, dass J. P. später aufs College geht, dass er sich ein Auto kaufen kann und ein Haus. Dass er so leben kann, wie ich es nicht kann.»

J. P. hat während unseres Gespräches keinen einzigen

Laut von sich gegeben. Etwas teilnahmslos schaut er zu der lärmenden Straße hinüber. Ich danke Joshua und Brook für ihre Offenheit und setze meine Reise fort.

Der Traum von unbegrenzter Freiheit und Mobilität, wer, wenn nicht ein Trucker soll ihn leben. Deshalb steuere ich die älteste Raststätte auf diesem Abschnitt der Route 66 an. «Crazy Fred's» gibt sich auf seinem schon aus der Ferne sichtbaren Schild mit Leuchtschrift nicht nur als «Truckstop» zu erkennen, sondern auch gänzlich unverblümt als «Hurenhaus». Und aus der Nähe betrachtet, wirkt das Fernfahrerleben ganz und gar nicht mehr romantisch. Direkt hinter der Tankstelle steht der «Gentleman's Club». Eine lila gestrichene Scheune, deren äußerer Anblick ausreicht, um Mitleid mit denen zu empfinden, die drinnen arbeiten müssen. An den Zapfsäulen spreche ich einen Trucker nach dem anderen an und frage, ob ich ein Stück mitfahren darf. Freundlich, aber bestimmt lehnt jeder Einzelne ab. Zeit ist Geld, bekomme ich zu hören. Jede Minute ist wertvoll, für Gespräche über die Route 66 ist einfach keine Zeit. Vielleicht haben sie auch Angst. In einem Zeitungsartikel habe ich über einen Trucker gelesen, der gefeuert wurde, weil er öffentlich über Arbeitstage mit bis zu 20 Stunden gesprochen hatte. Solche langen Schichten sind gesetzlich verboten. Aber viele der rund 3,5 Millionen Lastwagenfahrer in den USA werden von ihren Arbeitgebern gedrängt, von ihnen die Trucks zu leasen oder zu kaufen. Weil die Lastwagen teuer sind und die Unterhaltungskosten hoch, bleibt vielen Fahrern nichts anderes übrig, als Doppelschichten zu fahren, um ihre Trucks abstottern zu können.

Auf der Suche nach einem Gesprächspartner versuche ich mein Glück in dem rot-weiß gekachelten Schnellrestaurant. Das teuerste Gericht auf der laminierten, aber dennoch von Fettflecken übersäten Speisekarte ist das Steak für 12,95 Dollar.

An einem der Tische sitzt ein älterer Herr und macht sich über ein Bohnengericht her. Als er sich gerade einen großen Löffel in den Mund geschoben hat, frage ich, ob ich mich zu ihm setzen darf, und belagere schnell einen Stuhl, bevor er nein sagen kann. Obwohl der Mann mindestens doppelt so alt ist wie ich, darf ich ihn Tom nennen. Auch er erzählt mir, dass seine Arbeit ein echter Knochenjob sei, der Zeitdruck enorm. Aus seiner Hemdtasche krabbelt ein großer schwarzer Käfer empor, auf den ich Tom etwas angewidert aufmerksam mache. «Das ist Bob. Er ist schon bei mir, seitdem ich in Kalifornien losgefahren bin», entgegnet Tom etwas peinlich berührt und schiebt seinen Begleiter schnell, aber behutsam zurück in die Tasche. Wie einsam muss dieser Mensch sich fühlen?

Tom kramt ein paar zerknüllte Dollarscheine aus der Hosentasche und legt sie auf den Tisch. Dann erklärt er sich bereit, mir seinen Truck zu zeigen. Ich bin erstaunt, wie viel Kraft man aufwenden muss, um sich ins Fahrerhaus zu hangeln. Und ich bin überrascht, wie wenig Platz im Innenraum eines Lastwagens ist. Der Beifahrersitz fühlt sich durchgesessen und etwas klamm an. Er schmeißt den Motor an. Ein tiefes Grummeln. «Mit Romantik hat das hier nichts mehr zu tun», kommt Trucker Tom gleich zur Sache, «mein Verdienst reicht kaum noch zum Leben.» Früher sei das ganz anders gewesen, Schuld am Niedergang seien die Demokraten. Amerika retten könnten jetzt nur noch Donald Trump und die Republikaner. Nur sie wüssten, wie die Wirtschaft funktioniere, und würden gleichzeitig seine Werte vertreten, sagt Tom.

«Was genau sind denn deine Werte?»

«Ich bin gegen Abtreibung, ich bin für die Ehe, mit einem Mann und einer Frau und nicht diesem ganzen schwulen Zeug. Wir sollten ein starkes Militär haben. Und wir sollten die Kontrolle über unsere Grenzen haben.»

Manchmal, gesteht mir Tom, verstehe er die Welt einfach nicht mehr. «Die Art zu leben, wie ich sie kannte, scheint auf den Kopf gestellt worden zu sein. Richtig ist falsch. Falsch ist richtig. Schwarz ist weiß. Weiß ist schwarz. Das macht keinen Sinn. Für mich ist das verrückt.» Während er spricht, schüttelt Tom unaufhörlich den Kopf. Verloren blickt er auf die Route 66. Wie ein Alzheimerpatient im Frühstadium, dem noch bei vollem Bewusstsein dämmert, dass die Welt vor seinen Augen nach und nach zerfällt. Tom ist 66, er fährt seit 40 Jahren. In Rente zu gehen, kann er sich nicht leisten. «I drive till I drop», sagt er zum Schluss. «Ich fahre, bis ich umfalle.»

Tom und die Route 66 lassen mich sehr nachdenklich zurück. Das Fundament des amerikanischen Traums, es scheint brüchig geworden zu sein. Der Glaube, dass jeder eine faire Chance auf sein Glück hat, wenn er nur hart genug dafür arbeitet, bleibt immer öfter auf der Strecke.

Hoffnung für die Hillbillys

Unter Tage in West Virginia

Es ist ein gespenstisches Amerika, das ich nur sechs Autostunden von Washington entfernt entdecke. Eine kurvenreiche Straße führt mich durch die Appalachen, ein bewaldetes Mittelgebirge. Die Hügel glänzen in kräftigen Grüntönen, ein krasser Gegensatz zur Hoffnungslosigkeit der Menschen hier. Sie wird sofort sichtbar, als ich in der Stadt Welch im Landkreis McDowell eintreffe. Am Ortseingang begrüßt ein Geisterhaus die Besucher. Die vier Säulen der viktorianischen Villa sind Zeugen längst vergangener Pracht. Das Dach ist eingestürzt. Aus einem zerbrochenen Fenster weht eine Gardine im Wind. Auch die Haustür bewegt sich nur noch nach der Laune der Natur. Einzutreten käme einer Mutprobe gleich. Ein Bild des Verfalls, das keine Ausnahme ist, sondern das ganze Stadtbild prägt. Eine Straßenecke weiter glaube ich wieder ein Geisterhaus ausgemacht zu haben, als plötzlich eine alte Frau auf die Straße tritt. Nun erkenne ich ein Muster. Noch bewohnt sind die Häuser, an denen eine Satellitenschüssel und die amerikanische Fahne angebracht sind.

Ich stelle das Autoradio aus. Selten ist mir Musik so unpassend erschienen wie in dieser Umgebung. Außerdem möchte ich ein Paar am Straßenrand nach dem Weg fragen. Als ich näher komme, erschrecke ich. Obwohl die beiden vermutlich nicht viel älter als 30 sind, wirken ihre Gesichtszüge greisenhaft. Eingefallen, fahl. Als sauge ein Gift schleichend das Leben aus ihnen heraus. «Hi, Entschuldigung, könnt ihr mir zufällig sagen, wo ...», setze ich an. Keine Reaktion. Teilnahmslos blicken die beiden an mir vorbei und gehen schweigend weiter. Ich erinnere mich an einen Bericht in einem Magazin, in dem Fotos von Drogenabhängigen vor und während ihrer Sucht gezeigt wurden.

In den USA herrscht eine regelrechte Drogen-Epidemie. Mehr als 60 000 Amerikaner sterben pro Jahr an einer Überdosis, meistens infolge einer Opioid-Sucht. Dazu zählen verschreibungspflichtige Schmerzmittel, Heroin und synthetische Opioide wie Fentanyl. Der Ursprung dieser Sucht von Millionen Amerikanern liegt in den späten 1990er Jahren. Damals hatten große Pharmakonzerne beteuert, dass ihre Schmerzmittel nicht süchtig machen würden, und die Zahl der Verschreibungen stieg daraufhin drastisch an. Inzwischen ist klar, dass die Opioide in Wirklichkeit sehr wohl ein hohes Suchtpotenzial haben. Rund zwei Millionen Amerikaner sind heute abhängig von Schmerzmitteln. Weil diese teuer sind, greifen viele irgendwann zu harten Drogen wie dem verhältnismäßig billigeren Heroin. Etwa 600 000 Amerikaner gelten als heroinabhängig. Tendenz steigend.

Präsident Trump hat angesichts der Opioid-Epidemie einen nationalen Gesundheitsnotstand ausgerufen. Umrahmt von ehemaligen Abhängigen, erinnerte er an seinen Bruder Fred, der alkoholkrank war und mit 43 Jahren starb. Doch zusätzliche Finanzmittel des Bundes für Hilfsprogramme wollte Trump nicht zur Verfügung stellen. Bereits Ende 2016 hatte der US-Kongress ein Sonderprogramm aufgelegt, das den Bundesstaaten insgesamt 500 Millionen Dollar zur Verfügung stellte. Damit wurden Pilotprojekte wie mobile Methadon-Stationen, Notfall-Telefone oder weitere Arzt-Stellen finanziert. Doch die bisherigen Mittel reichen nicht aus, um zum Beispiel große Mengen des Überdosis-Gegenmittels Naloxon einzukaufen. So werden die Zahlen von Drogentoten in den USA wohl weiter in die Höhe gehen.

Und fast nirgendwo in den USA sterben so viele Menschen an einer Überdosis wie in diesem Landkreis von West Virginia. Auch bei einer Reihe weiterer trauriger Rankings liegt McDowell County weit vorne. Die Arbeitslosenquote ist doppelt so hoch wie im US-Durchschnitt. Jede dritte Familie lebt in Armut. Die Lebenserwartung eines Mannes hier liegt bei nur 64 Jahren – wie in Namibia.

Das alles war nicht immer so. Ein buntes Wandgemälde an einer verlassenen Fabrikhalle erzählt von einer goldenen, aber längst vergangenen Zeit. Herren mit eleganten Hüten flanieren in einer belebten Straße. Schöne Autos mit verchromten Stoßstangen parken vor Geschäften. Gleich zwei Zigarrenläden sind zu erkennen. Inzwischen musste selbst der letzte große Billigsupermarkt schließen, weil es an Kunden mangelte. Einst lebten 100 000 Menschen in McDowell County, heute sind es nur noch 18 000. Die Menschen gingen, als viele Kohleminen schlossen.

Ich folge einem Lastwagen zu einer der wenigen verbliebenen Minen. Chad Riffe macht sich gerade für seine Schicht bereit. Seit 30 Jahren lebt er von der Kohle – sein ganzes Arbeitsleben lang. Gerne ist er bereit, mit mir zu sprechen. Aber nur unter Tage, er ist spät dran. Ich zögere, denn ich neige zu Klaustrophobie. Doch ich überwinde mich. Chad gibt mir Stiefel, Knieschützer, einen Overall und einen Helm mit Lampe. Dann nehmen wir auf einem flachen Gefährt Platz, auf dem man eher liegt als aufrecht sitzt. Durch einen sehr niedrigen Schacht fahren wir in den Berg hinein. Es geht mehrere hundert Meter in die Tiefe. Der Stollen kommt mir mit all seinen Abzweigungen vor wie ein Labyrinth. Schon nach kurzer Zeit würde ich ohne Chads Hilfe den Weg zurück ans Tageslicht nicht mehr finden. In mir mischen sich Gefühle von Orientierungslosigkeit, Abhängigkeit und Angst. Der beste Weg, damit umzugehen, ist für mich Ablenkung. Ich konzentriere mich auf die Fragen, die ich Chad stellen möchte.

Wir fahren etwa 15 Minuten durch die Dunkelheit, sie kommen mir wie Stunden vor. Dann nähern wir uns Lichtern, die sich geheimnisvoll im Staub brechen. Während die Augen endlich wieder Fixpunkte finden, werden jetzt die Ohren von den mechanischen Schlägen eines Presslufthammers betäubt. Der Lärm stammt von einer gewaltigen Maschine, die Kohle aus dem Berg gräbt. Die Lichter sind die Lampen, die Chads Kumpel an ihren Helmen tragen. Einer von ihnen versprüht mit einem Schlauch Wasser, um den durch die Bohrung aufgewirbelten Staub von ihren Lungen fernzuhalten. Doch ihre Gesichter sind von so viel Grau bedeckt, dass ich am Nutzen des Wassers zweifele. Nur auf allen vieren kriechend, können sich die Männer hier bewegen, so niedrig sind die Kohleflöze. Die Schicht dauert zehn Stunden. Die Arbeit ist nicht nur hart, sondern auch gefährlich. Beim letzten Unglück vor einigen Jahren starben in der Nähe 29 Kumpel. Doch die Männer gehen mit einem Tatendrang zu Werke, als würden sie nicht Kohle, sondern Gold aus dem Berg holen.

Als die Maschine schweigt, frage ich Chad, was ihm die Kohle bedeutet. «Es ist meine Lebensgrundlage. Ich habe zwei Töchter großgezogen, die jetzt aufs College gehen. Hiermit ermögliche ich ihnen das. Das ist mein Leben.» Er sagt das ohne Pathos, eher bescheiden. Chad lässt mich an meinen Opa denken. Er starb zwar schon lange vor meiner Geburt. Aber mir wurde oft erzählt, wie aufopferungsvoll er sich mühte, seine Familie zu ernähren. Durch einen Granatsplitter hatte er im Krieg sein linkes Bein verloren. Trotzdem schleppte sich er sich tapfer jeden Tag auf den Bau, er war Maurer. Mit seinem Ersatz aus Holz kletterte er auf die höchsten Dächer, um die Schornsteine zu mauern. Wenn mein Opa abends von der Arbeit nach Hause kam, sank er ächzend auf immer denselben Stuhl. Dann schnallte er das Holzbein ab, um den Stumpf zu pudern und zu pflastern. Wie befreit saß er danach am Tisch, erlöst von den Anstrengungen des Tages und von der hölzernen Last, zufrieden und glücklich. So erzählte es mir mein Vater.

Und so ähnlich sehe ich nun Chad vor mir. Sein Rücken schmerzt vom jahrelangen Kriechen unter Tage, der Kohlenstaub im Gesicht ist längst zu seiner zweiten Haut geworden. Doch trotz der Dunkelheit leuchten seine Augen. Denn Chad kann mit der Kohle immer noch seine Familie ernähren, in dieser Region keine Selbstverständlichkeit mehr.

Dass seine Mine noch nicht geschlossen habe, sei einem Mann zu verdanken: Donald Trump. «Ich war so erleichtert wie noch nie in meinem Leben, was die Sicherheit meines Arbeitsplatzes angeht», sagt Chad. «Trump hat mir den Stress genommen. Vorher war ich jede Nacht in dem Wissen ins Bett gegangen, dass meine Regierung mir wegnehmen wollte, wovon ich lebe. Als Trump gewählt wurde, war es, als würde eine große Bürde von mir genommen.»

Chads Kollegen empfinden das genauso. «Ich bin froh, dass Trump Präsident geworden ist. Ich habe das Gefühl, mein Job ist jetzt viel sicherer. So geht es allen hier in der Gemeinde. Ich fühle mich wohl mit ihm», sagt einer. «Trump macht einen großartigen Job. Er hat seine Versprechen gehalten. Mit ihm geht es bergauf», meint ein anderer. Das Stampfen des Presslufthammers muss in den Ohren der Kumpel klingen wie der Motor einer Zeitmaschine. Trump gibt ihnen das Gefühl, in eine Zeit zurückkehren zu können, in der hier unten das Herz der US-Wirtschaft schlug. Vor nicht allzu langer Zeit stillte die Kohle die Hälfte des amerikanischen Energiehungers.

Heute ist es nur noch ein Drittel. Während die liberalen, umweltbewussten Bürger Bostons oder San Franciscos Trumps Wahl empfunden haben wie eine niemals für möglich gehaltene Schockwelle, wirkte Trumps Triumph für die Kumpel hier unten wie ein lang ersehnter Elektroschock, der in letzter Minute ihr Herz vor dem Stillstand bewahrte. Ein Republikaner als Retter der Arbeiter, das ist bemerkenswert. Denn jahrzehntelang wählten die Kumpel in West Virginia die Demokraten. West Virginia zu verlieren ist ungefähr so, als verlöre in Deutschland die SPD das Ruhrgebiet.

Als wir endlich wieder das Tageslicht erblicken, erfahre ich, warum die Demokratische Partei in West Virginia so krachend untergegangen ist. Chad stellt mir Eddie Asbury vor, den Besitzer der Mine. Er trägt keinen Anzug, sondern Jeans. Der Unternehmer steigt zur Not auch mal selbst auf den Bagger, wenn einer seiner Leute ausfällt. Schuld am Niedergang der Kohleindustrie sei vor allem einer. «Mr. Obama hasste die Kohle. Er hasste schon das Wort Kohle. Und er hat alles getan, was in seiner heiligen Macht stand, um die gesamte Produktion zu stoppen. Das hatte einen einfachen Grund: Er wusste wohl einfach nicht, dass man Kohle braucht, um Stahl zu machen und Energie zu erzeugen.»

Als Beispiel für Obamas Regulierungswut präsentiert Eddie ein Messgerät für Kohlenstaub. 19 000 Dollar habe er dafür ausgeben müssen. Dank Trump dürfe er es bald wegwerfen. Vorsichtig wende ich ein, dass der Niedergang der Kohleindustrie doch schon vor der Präsidentschaft Obamas eingesetzt habe. Viele Arbeitsplätze gingen durch Automatisierung verloren. Und dass die Löhne in China niedriger sind als in den USA, sei auch nicht Obamas Schuld. Eddie schaut mich grimmig an. Auch meinen Hinweis, dass der Preis für Kohle in den Keller gegangen ist, weil die Gasförderung durch Fracking so günstig geworden ist, würde er am liebsten überhören. Obamas «Möchtegernnachfolgerin» Hillary Clinton habe doch selbst wörtlich gesagt, sie werde «viele Minenarbeiter und Kohleunternehmen aus dem Geschäft nehmen». Zwar hatte Clinton im selben Atemzug gesagt, als Präsidentin würde sie dafür sorgen, dass die Arbeiter im Bereich der erneuerbaren Energien wieder in Lohn und Brot kämen. Doch hängen blieb nur der erste Teil ihrer Äußerung, die Clinton vermutlich Tausende von Stimmen gekostet hat. Trump hingegen setzte sich vor laufenden Kameras den Helm eines Bergmanns auf und rief: «Macht euch bereit, denn ihr werdet euch den Arsch abarbeiten!»

Eddie deutet auf das Förderband, das die Kohle aus dem Berg an die Oberfläche bringt. Seitdem Trump Präsident sei, habe er viermal so viel produziert wie im Jahr davor. Wenn das so weitergehe, könne er langfristig sogar wieder einstellen. Noch vor dreißig Jahren arbeiteten 180 000 Männer in der amerikanischen Kohleindustrie. Heute sind es nur noch 50 000. Trumps Regierung hat stolz verkündet, seitdem die Umweltschutzverordnungen gelockert wurden, seien bereits 50 000 neue Jobs in der Kohleindustrie entstanden. Die US-Behörde für Arbeitsmarktstatistik spricht jedoch nur von 1000 neuen Arbeitsplätzen. Und viele Experten sagen voraus, dass die gute alte Zeit wegen gestiegener Löhne und großen Fortschritten in der Automatisierungstechnik auf keinen Fall zurückkommen werde. Nicht nur West Virginia wird von dieser Entwicklung hart getroffen, sondern auch andere US-Bundesstaaten wie Kentucky, Ohio oder Pennsylvania. Dagegen sind in vielen anderen Teilen der USA wie Kalifornien erneuerbare Energien im Aufwind. «Kohle ergibt als Brennstoff nicht mehr viel Sinn», sagte selbst der Direktor von Trumps Nationalem Wirtschaftsrat, Gary Cohn, öffentlich. Aber derart düstere Prognosen werden hier von dem Leitsatz aus Trumps Wahlkampf übertönt, der in den Bergen West Virginias immer noch nachhallt: «Make America Great Again!» In seiner Bürobaracke hat Eddie die Titelseite einer Zeitung aufgehängt, die Präsident Trump am Tag seiner Amtseinführung zeigt. Dieses Bild solle seinen Leuten und ihm selbst jeden Tag vor Augen führen, wie weit man es mit harter Arbeit bringen kann.

Die Wertschätzung der Politiker in Washington haben Eddie, Chad und ihre Kollegen viele Jahre schmerzlich vermisst. Als Trump davon sprach, «die vergessenen Männer und Frauen Amerikas nicht länger zu vergessen», fühlte man sich in West Virginia besonders angesprochen. Die Menschen hier glauben, dass Trump ihnen nicht nur die Kohle zurückgibt, sondern auch ihren Stolz. Als «Hillbillys» werden sie im Rest Amerikas bezeichnet, das bedeutet «Hinterwäldler» oder «Landeier» und ist meistens abfällig gemeint. Nicht selten werden Hillbillys spöttisch gefragt, ob sie mit ihrer Cousine ausgehen. Die ersten Erwähnungen des Begriffs sind um das Jahr 1900 verzeichnet. Im *New York Journal* wird der «Hill-Billie» als weißer Bürger meist irischer oder schottischer Abstammung beschrieben, «der in den Bergen lebt, nicht groß was zu sagen hat, sich so anzieht, wie er es vermag, spricht, wie ihm der Schnabel gewachsen ist, Whiskey trinkt, wenn er welchen bekommt, und nach Lust und Laune durch die Gegend ballert».

Doch plötzlich avanciert ein Hillbilly sogar zum Helden in einem Super-Bestseller. «Hillbilly Elegy» ist zwar dem Titel nach ein Klagelied, doch in seinem autobiographisch geprägten Buch erzählt James David Vance die Geschichte seines unwahrscheinlichen Aufstiegs. Seine Kindheit ist ein einziges Chaos. Der Vater fehlt, die sehr junge Mutter verfällt erst dem Alkohol, dann den Schmerzmitteln und schließlich dem Heroin. Einmal lässt sie ihren Sohn in eine Tasse urinieren, um ihren Drogentest zu fälschen. Die ständig wechselnden Stiefväter bedeuten nicht nur Unruhe, sondern auch Prügel. Nur die Großmutter sorgt für ein wenig Stabilität im Leben des Jungen. Seine Noten sind gut, nach der Highschool meldet er sich zur US-Marine. Als Vance von einem Einsatz im Irak zurückkehrt, studiert er zunächst an der Universität in Ohio und schafft dann den Sprung an die Elite-Uni in Yale. Bei einer Investmentfirma in San Francisco wird er reich.

Doch Vance will seine Biographie nicht als Beweis verstanden wissen, dass der amerikanische Traum noch funktioniert. Vielmehr stellt er die Durchlässigkeit der amerikanischen Gesellschaft grundlegend in Frage. «Warum hat niemand sonst aus meiner Schule an einer Elite-Universität studiert? Warum sind Leute wie ich in Amerikas Top-Institutionen so armselig repräsentiert? Es jagt mir einen Schauder über den Rücken, wenn ich daran denke, wie nahe ich dem Abgrund war. Ich bin nur ein Hurensohn, der viel Glück hatte», schreibt Vance.

Chad glaubt nicht an Glück, sondern an Erfolg durch harte Arbeit. Er hat es bis zum Vorarbeiter gebracht und erledigt inzwischen auch Verwaltungsaufgaben. Eine willkommene Abwechslung zur körperlichen Arbeit. Auf dem Handy zeigt er mir Fotos von seinen Töchtern Breanna und Ciera. In Kalifornien mögen sie bei dem Wort Fortschritt an die nächste Generation von Elektroautos denken. Für Chad bedeutet Fortschritt, dass es seinen Kindern später einmal besser gehen soll als ihm selbst.

Dieser Gedanke war für viele Amerikaner lange ein fester Bestandteil des amerikanischen Traums. Doch heute glauben nur noch 13 von 100 US-Bürgern an eine bessere Zukunft für ihre Sprösslinge. Eine mögliche Erklärung dafür ist, dass der Aufstieg durch Bildung immer schwieriger wird. Laut Statistik haben es Arbeiterkinder achteinhalb Mal so schwer, einen Studienplatz an einer guten Universität zu ergattern, wie Kinder aus wohlhabendem Elternhaus. Und selbst wenn Arbeiterkinder den Sprung an die Uni geschafft haben, ist es für sie immer noch schwerer, dort zu reüssieren. Studien zeigen, dass sie öfter das Studium abbrechen und schlechtere Abschlussnoten erzielen als «reiche Kinder». Die Erklärung dafür ist nicht allein, dass Kinder aus minderprivilegierten Verhältnissen oft nebenbei arbeiten müssen, um die hohen Studiengebühren mitzufinanzieren. Sieben von zehn befragten Studenten aus Arbeiterfamilien äußerten, dass sie das Gefühl lähme, «nicht an die Universität zu gehören» und «nicht dazuzugehören», weil ihnen Sprache und Gepflogenheiten fremd waren.

Vor diesem Hintergrund ist das letzte Foto, das mir Chad zeigt, wirklich außergewöhnlich. Darauf ist er mit seiner Tochter Breanna zu sehen. Chad trägt ein Holzfällerhemd, Breanna einen silbern glänzenden Talar. Das Bild ist bei der Abschlussfeier ihres Bachelor-Studiums entstanden, er hat es bei Facebook hochgeladen. «So stolz, Vater dieses Mädchens zu sein», hat Chad daruntergeschrieben.

«Heil Trump!»

Auf den Spuren der Ultrarechten in Montana und Virginia

Winterwunderland» nennen die Bürger Montanas ihren Staat während der kalten Jahreszeit. Montana grenzt direkt an Kanada und ist bekannt für seine himmelhohen Berge, tiefblauen Seen, und kaskadenförmigen Wasserfälle. Den Spitznamen «Treasure State» («Staat der Schätze») verdankt Montana seinen reichen Vorkommen an Bodenschätzen wie Silber und Gold, wobei heute Erdöl, Erdgas und Kohle von größerer Bedeutung sind. Der wichtigste Wirtschaftszweig ist allerdings die Landwirtschaft mit Viehzucht und dem Anbau von Weizen, Mais und Gerste. Wer hier den Winter verbringt, empfindet das Eis nicht als Fluch, sondern als Segen. Denn darunter scheint alles zu bleiben, wie es ist. Die überwiegende Mehrheit der Menschen in Montana ist weiß und gottesfürchtig.

Wer die Einsamkeit nicht fürchtet, sondern sie umarmen möchte, kann hier eine Heimat finden. Mühelos lassen sich zwischenmenschliche Begegnungen tage- oder gar wochenlang verhindern. Denn Montana ist flächenmäßig größer als Deutschland, doch nur knapp eine Million Einwohner verteilen sich über den Staat. In Montana leben nachweislich mehr Elche, Hirsche und Gabelböcke als Menschen.

Obwohl ich selbst in einer ländlichen Region aufgewachsen bin, käme ich mir in dieser Weite auf Dauer etwas verloren vor. Und doch verstehe ich sofort, was mit «Winterwunderland» gemeint ist, als ich den winzigen Flughafen in der mir vorher völlig unbekannten Stadt Kalispell verlassen habe. Mein Kamerateam und ich legen die ersten Meilen im Mietwagen in Richtung eines Städtchens namens Whitefish zurück. Das 7000-Seelen-Städtchen wurde gegen Ende des 19. Jahrhunderts von Pelzhändlern gegründet und lebt heute vor allem vom Ski-Tourismus. Die verschneiten, im Abendlicht verwunschen wirkenden Wälder erinnern mich an meine Heimat, das Sauerland. Ehrlicherweise sei gesagt, dass die Berge hier deutlich höher sind und in majestätischer Anmut zu genießen scheinen, dass wir zu ihren Füßen unterwegs sind. Auf Anhieb könnte man in zehn Minuten zehn verschiedene Postkartenmotive finden. Doch es ist nicht die Schönheit der Landschaft, die uns hierhergeführt hat. Der Grund für die Reise nach Montana ist ein Mann, der in Whitefish lebt und seine Stadt auf höchst denkwürdige Weise in die landesweiten Schlagzeilen gebracht hat.

«Heil Trump! Heil unserem Volk! Sieg Heil!», ruft dieser Mann am Rednerpult. Er trägt einen dunkelblonden Seitenscheitel und einen grauen Dreiteiler mit Krawatte. Der Mann streckt den rechten Arm in die Höhe, in der Hand ein Glas. Ein Teil des Publikums reißt fast reflexartig ebenso den rechten Arm in die Höhe, allerdings ohne Gläser und mit flacher Hand. Die Geste ist eindeutig als Hitlergruß zu erkennen. Der Mann, der dazu animiert hat, heißt Richard Spencer. Zu sehen ist die Szene in einem Video, das im Internet kursiert und millionenfach abgerufen wurde. Entstanden ist es wenige Tage nach Trumps Wahlsieg in Washington, D.C., bei einer Konferenz des sogenannten National Policy Institutes. Hinter dem staatstragenden, etwas pseudointellektuellen Namen verbirgt sich ein Think Tank der sogenannten «Alt Right»-Bewegung. «Alt Right» ist die Kurzform von «Alternative Rechte», aber auch dieser Titel ist eine grobe Verharmlosung. Die «Alt Right» ist ein Sammelbecken für Nationalisten und Rassisten aller Art, Richard Spencer ihr bekanntester Kopf. Mit seinem großen Bekanntheitsgrad hat er am äußersten rechten Rand Wähler für Donald Trump mobilisiert.

Die Kernaussagen der Alt Right sind vor der Szene mit dem Hitlergruß zu sehen. Spencer, Ende 30, sieht die weißen Amerikaner in ihrer Existenz bedroht, weil sie ab dem Jahr 2044 die größte Minderheit der USA darstellen werden. «Niemand wird uns dafür ehren, anmutig zu verlieren», poltert er in seiner Rede, «niemand wird die schweren Verbrechen gegen uns beklagen. Für uns heißt es erobern oder sterben.» Donald Trump hat solche Stimmungsmache nicht nur stillschweigend akzeptiert, weil sie ihm im Präsidentschaftswahlkampf nutzte. Er hat sogar eine Galionsfigur der «Alt Right» zu seinem Wahlkampfmanager gemacht: Steve Bannon war jahrelang Chef der rechtskonservativen bis rechtspopulistischen Meinungs-

Webseite «Breitbart News», die er selbst als «Plattform für die Alt Right» bezeichnete. Nach dem Wahlsieg wurde Bannon für seine ideologische Drecksarbeit von Trump mit dem Posten des «Counselor to the President» belohnt. Damit war er Chefstratege und ranghöchster Berater im Weißen Haus. Erst rund zwei Wochen nach dem Wahlsieg distanzierte sich Trump von der «Alt Right». «Ich will dieser Gruppe keine Energie zuführen, und ich will mit der Gruppe nichts zu tun haben», sagte Trump vor Reportern der *New York Times*. «Es ist keine Gruppe, der ich Antrieb geben möchte, und wenn sie Antrieb haben, dann möchte ich da hineinschauen und herausfinden, warum das so ist», zitiert ihn die Zeitung. Eine Distanzierung, die deutlich früher und beherzter wohl deutlich glaubwürdiger geklungen hätte.

Als ich das «Heil»-Video von Richard Spencer zum ersten Mal sehe, fährt es mir durch Mark und Bein. Wie kann jemand mitten in der amerikanischen Hauptstadt ungestraft eine solche Rede halten? In Deutschland hätte Spencer mit seinen Aussagen wohl direkt eine Anzeige wegen Volksverhetzung bekommen. In den USA hingegen sind seine Aussagen von der Meinungsfreiheit geschützt. Solange man nicht zu Gewalt aufruft, darf man ohne Rücksicht auf die Gefühle anderer so ziemlich alles sagen, was man will. Der erste Zusatzartikel zur Verfassung der Vereinigten Staaten garantiert diese großzügige Auslegung. Später werde ich im Interview mit Richard Spencer einen Einblick in die Gedankenwelt gewinnen, die ihn zu seinen Aussagen treibt. Aber zunächst möchte ich für eine Reportage in der ARD-Sendung *Weltspiegel* herausfinden, wie seine Stimmungsmache gegen Minderheiten das Leben der Menschen in seinem Wohnort in Montana beeinflusst.

Familie Han lebt an einem so entlegenen Ort vor den Toren von Whitefish, dass kein Navigationsgerät mit ihrer Adresse etwas anfangen kann. Doch wer sich die Mühe macht und nach ihnen sucht (wofür ein Geländewagen und ein großes Zeitpolster unerlässlich sind), kann dort draußen den amerikanischen Traum finden. Familienvater Young wurde in Südkorea geboren, seine Eltern arbeiteten zu einem Hungerlohn und bis zur totalen Erschöpfung in einer Textilfabrik. In den 1970er Jahren flohen sie vor der bitteren Armut in die USA. Bis heute sprechen sie kein perfektes Englisch, doch sie arbeiteten hart, weil ihr Sohn Young es einmal besser haben sollte als sie. Und tatsächlich: Young machte Karriere als Zahnarzt. Während seines Studiums im US-Bundesstaat Washington lernte er seine Frau Jennifer kennen. Sie ist hier in der Kleinstadt Whitefish aufgewachsen. Von der Terrasse des Hauses der Familie Han aus ist nur ein einziges anderes Haus zu sehen, bevor der Blick auf die Berge fällt. Es ist das Elternhaus von Jennifer, in dem ihr Vater heute noch lebt. Hier, wo Jennifers Wurzeln liegen und Young mit eigenem Haus und eigener Zahnarztpraxis den amerikanischen Traum verwirklicht hat, haben sie eine Familie gegründet. In den Namen der drei Kinder finden die kulturellen Hintergründe beider Eltern ihren Ausdruck: Joe Tae, Keenan und Ella. Vor der Tür tollen drei Hunde im Schnee. Drinnen ist eine

Wärme spürbar, die das Kaminfeuer allein nicht spenden kann. In diesem Landhaus wollten Jennifer und Young gemeinsam alt werden.

Doch jetzt überlegen die Hans wegzuziehen, zu Youngs Eltern ins liberale Seattle. Denn die Kinder fühlen sich in der letzten Zeit in der Grundschule nicht mehr wohl. Während wir ein Raumschiff aus Lego bauen, erzählt mir Joe Tae, warum.

«Es gibt Kinder in der Klasse meines Bruders, die mögen Donald Trump. Und die haben zu meinem Bruder gesagt, dass Donald Trump es nicht mag, wenn Leute aus anderen Ländern nach Amerika kommen.» – «Deshalb hat unser Bruder Mama gefragt: Wird Papa jetzt deportiert. Oder muss Papa das Land verlassen?», ergänzt seine Schwester Ella.

Die Wände des Kinderzimmers hat eine professionelle Malerin phantasievoll gestaltet. Ein Element ist eine bunte Landkarte der USA. Als ich Ella frage, wie sie sich das Amerika wünscht, in dem sie groß wird, bekomme ich eine erstaunlich politische Antwort für eine Neunjährige. «Ich möchte, dass in Amerika jeder gut mit dem anderen auskommt, egal, wie man aussieht.»

Genau das ist in der Schule von Ella, Joe Tae und Keenan aber nicht mehr selbstverständlich. Familienvater Young leidet darunter, dass sich das Klima in Whitefish so verändert hat. «Das war sehr hart. Ich denke, die Kinder, die das gesagt haben, haben das irgendwie, irgendwo aufgeschnappt. Aber wahrscheinlich haben sie das von Erwachsenen gehört. Es frustriert mich, dass ich wirklich nicht weiß, wer mich da anklagt und welche negativen Gefühle ich ausgelöst haben könnte.»

Young trägt seine Gedanken mit Bedacht vor. Aber seine Augen verraten, dass er traurig ist und sogar verzweifelt. «Mein Verständnis des amerikanischen Traums war immer, dass jeder, unabhängig von seiner Herkunft, hier einen sicheren Ort für seine Familie und sein Glück finden kann, wenn er nur hart genug dafür arbeitet. Dieses Ideal hat auch meine Eltern hierher gebracht. Ich habe immer gedacht, dass ich genau dem entspreche, was es bedeutet, Amerikaner zu sein. Ich bin der Erste in meiner Familie, der einen Highschool-Abschluss gemacht und studiert hat. Ich habe hier ein Haus gebaut. Ich liebe American Football. Ich fühle mich so sehr als Amerikaner, wie man sich nur als Amerikaner fühlen kann.»

Während ich Young zuhöre, muss ich an Franz Kafkas Kurzgeschichte «Vor dem Gesetz» denken. Darin bittet ein Mann vom Land jahrelang verzweifelt um Zutritt zum Gesetz, doch ein Türhüter hindert ihn daran, ohne dass er dafür Gründe erkennen kann. Glaubt Young, dass Donald Trump oder die Alt-Right-Bewegung für die plötzlich aufflammenden Ressentiments gegen ihn verantwortlich ist?

«Wahrscheinlich gab es diese Ressentiments immer schon», antwortet Young nach langer Überlegung. «Während der Schulzeit und auch noch im Studium musste ich wegen meines asiatischen Aussehens viele Hänseleien über mich ergehen lassen. Als Zahnarzt hatte ich mir dann einen Sozialstatus erarbeitet, der ein bisschen wie ein

Schutzschild gewirkt hat. Aber Donald Trump und sein Präsidentschaftswahlkampf haben Ideologien wieder freigesetzt, die eine Zeitlang unter der Oberfläche begraben waren.»

Um ein Zeichen gegen den Hass zu setzen, wird sich die ganze Familie Han später am Tag im Pick-up-Truck auf den Weg zu einer Demonstration in der Fußgängerzone von Whitefish machen.

Auch Hillary Shaw bereitet sich auf die Kundgebung vor, sie möchte sogar eine Rede halten. Die Mittdreißigerin ist Direktorin eines Frauenhauses. Gemeinsam mit ihrem Mann Tim («ein Mann wie ein Möbelstück», wie sie liebevoll über ihn sagt) und ihrer Tochter Sonali, die gerade laufen gelernt hat, lebt sie in einem anderen Stadtteil von Whitefish direkt an einem Waldrand. Auch hier muss man lange suchen, bevor man einen Nachbarn zu Gesicht bekommt. Obwohl Hillary immer noch an ihrer Rede feilt, empfängt sie uns zum Tee. Labrador Sati ist ebenfalls äußerst gastfreundlich und erlaubt mir, mit der kleinen Sonali zu spielen. Sie zeigt mir ein Kinderbuch, dass Hillary mit eigenen Familienfotos gestaltet hat. Auf einem Foto ist Hillarys Großvater Roman zu sehen. Er überlebte in Deutschland ein Konzentrationslager. Hillarys Familie ist jüdischen Glaubens. Am Küchentisch schreibt sie auf einem Laptop an ihrer Rede, die sie halten möchte, um an die Geschichte der Verfolgung ihres Großvaters durch die Nazis zu erinnern. Denn in diesen Tagen muss sie erleben, wie in Whitefisch Hetze im Internet gegen jüdische Freunde von ihr getrieben wird. Man hat manipulierte Fotos von ihnen mit Judenstern ins Netz gestellt, dem menschenverachtenden Symbol aus der Nazizeit. Außerdem wird zu «Aktionen» gegen sie aufgerufen. Der Grund dafür ist offenkundig, dass sich die Familie gegen Rechtsextremismus engagiert und die bevorstehende Kundgebung organisiert. Hinter der Hetze steckt eine rechtsextreme Webseite namens «Der tägliche Stürmer».

«Macht dir das Angst?», frage ich Hillary.

«Diese Bedrohung ist sehr real, und diese Leute sind sehr unheimlich. Sie sind voller Hass, meistens bewaffnet und ziemlich gefährlich. Aber diese Bedrohung existiert in jedem Staat, nicht nur in Montana», erklärt sie.

Auch wenn sie damit riskiert, selbst ins Fadenkreuz der Neonazis zu geraten, Hillary will unbedingt ihre Rede halten. «Ich bin sehr aufgeregt. Ich kann es nicht erwarten zu erleben, wie meine Stadt zusammensteht. Wie wir das Gute und das Glück betonen und unsere Stimmen hören.»

Und tatsächlich: Trotz minus zehn Grad versammeln sich mehrere hundert Bewohner auf dem Bahnhofsvorplatz von Whitefish. Schräg hinter der Bühne sonnt sich eine in Grün und Gold lackierte Lokomotive der Great-Northern-Eisenbahn. In der Ferne streckt sich ein mächtiger Berg dem Himmel entgegen. Schon wieder eines dieser Postkartenmotive. Nur die zahlreichen Polizisten wollen nicht so recht in das idyllische Bild passen. Sie sichern die Zugänge zu der Demonstration. Familie Han steht ganz vorn in der ersten Reihe. Die Kinder sind in Schneeanzüge eingepackt, Mutter Jennifer verteilt kleine Wärmebeutel, die sich Joe Tae, Keenan und Ella in die Handschuhe stecken. Trotz der Eiseskälte klagen die Kinder nicht, sondern schauen gebannt Richtung Bühne, als Hillary ihren großen Auftritt hat. Gleich zu Beginn erzählt sie die Geschichte ihres Großvaters, der sie gelehrt habe, nicht mit Hass auf Hass zu reagieren.

«Mein Großvater hat mir immer gesagt, dass nicht alle Deutschen böse sind. Er hat mir von einem Fabrikarbeiter erzählt, der für ihn jeden Tag ein Stück Brot versteckte.» Heute fühle sie selbst sich «wie in Gefangenschaft von hasserfüllten, grausamen Menschen». Hillary nennt seinen Namen nicht, doch jeder im Publikum weiß, dass damit vor allem Richard Spencer gemeint ist, der Erfinder von «Heil Trump!».

Auch während der anderen Reden fällt Spencers Name kein einziges Mal – und doch ist der umstrittenste Sohn der Stadt in den Köpfen allgegenwärtig. Beim Sprechen atmet Hillary immer schneller, jeder Zug erzeugt in der Kälte Dampf. Sie glaube, dass sich alle Anwesenden dieselben Fragen stellten: «Wie bewahre ich mein Mitgefühl im Angesicht von schamloser Ignoranz und Hass? Wenn ich mit Wut antworte, und ich *bin* wütend – wie weiß ich, ob ich nicht selbst die Grenze zum Hass überschreite? Und noch eine Frage treibt viele von uns um: Was bedeutet es für die Sicherheit meiner Familie, wenn ich für das aufstehe, woran ich glaube?»

Hillary hat die Bühne gerade verlassen, da bricht sie in Tränen aus. Vier Frauen eilen herbei und umarmen sie in einem Kreis, der sie nach außen abschirmt. Auch die anderen beginnen zu weinen, doch sie schämen sich ihrer

Tränen nicht. Später stellt Hillary mir die Frauen als Mitorganisatorinnen der Kundgebung vor. Ich erkenne sie sofort. Es sind die Frauen, die auf der Seite des «Täglichen Stürmers» zu sehen waren.

In einem Zelt, in dem man sich unter Heizstrahlern kurz aufwärmen kann, lerne ich Michelle Saurey kennen. Eine füllige Frau in auffallend alternativer Kleidung, deren Schönheit in der Gutmütigkeit ihrer Augen liegt und die mich für den Nachmittag in ihre Galerie einlädt. Dort fällt mir sofort das großformatige Ölgemälde eines Grizzlybären auf. Der Bär blickt mich direkt an. Sein linkes Auge ist polarblau, das rechte bernsteinfarben. Er strahlt die bedrohliche Kraft aus, mich in Sekundenschnelle umrennen und mir mit seiner Pranke mühelos den Kopf abreißen zu können. Er lässt mich nicht aus dem Blick, aber noch ruht er in sich. «Kommst du mir nicht zu nahe, komme ich dir nicht zu nahe» lese ich in den breiten Pinselstrichen der Künstlerin.

Dieses Naturgesetz galt offenbar lange Zeit auch für das Zusammenleben der Menschen in Whitefish, doch irgendwie scheint es außer Kraft gesetzt worden zu sein. Seitdem Galeristin Michelle in einem Zeitungsartikel wegen ihres Engagements gegen Rechtsextremismus erwähnt wurde, wird sie bedroht. Sie zeigt mir einen ganzen Stapel von ausgedruckten E-Mails, deren Verfasser sehr konkret Gewalt gegen sie herbeiphantasieren. Michelle bekommt auch eine Flut von anonymen Drohanrufen, seitdem ihr Name inklusive Telefonnummer und Adresse auf der Internetseite des «Täglichen Stürmers» erschienen ist.

Inzwischen hat sie das FBI eingeschaltet. Glaubt sie, dass Richard Spencer hinter all den Drohungen steckt?

«Ich glaube nicht, dass er direkt dahintersteckt. Aber ich denke, er hat zum Beginn einer Geschichte beigetragen, die vom ‹Täglichen Stürmer› und von den Extremisten aufgegriffen worden ist. Hat er das mit Absicht getan? Ich weiß es nicht. Ich fühle nur viel Unaufrichtigkeit von ihm in dieser Hinsicht, aber ich weiß es nicht. Ich habe ihn nie gefragt.»

Aber ich werde Richard Spencer fragen. Lange habe ich darüber nachgedacht, ob ich ihn um ein Interview bitten sollte. Denn natürlich besteht das Risiko, dass er mein Medium und mich als Plattform benutzt, um seine Ideen zu verbreiten. Doch nach reiflicher Abwägung komme ich zu dem Schluss, dass man nur jemanden kritisieren oder gar anklagen kann, wenn man sich aktiv mit ihm auseinandersetzt und ihm die Chance gibt, sich selbst zu erklären. In den Zeitungsporträts, die ich im Vorfeld über Spencer lese, versucht er sich mit Anleihen bei Nietzsche oder Heidegger als Rechtsintellektuellen zu stilisieren. Doch in einem längeren Gespräch hoffe ich ihn und seine Thesen als das entlarven zu können, was sie wirklich sind: menschenverachtend. Brandstifter wie Spencer sind zu gefährlich, um sie einfach zu ignorieren. Manchmal muss man sich auf sie einlassen, um sie zu widerlegen.

Nach unzähligen Vorgesprächen sagt Spencer zu. Als Ort für unser Gespräch schlägt er nicht seinen Wohnort Whitefish, sondern Alexandria in Virginia vor. In der schmucken Nachbarstadt von Washington richtet er gerade ein Büro ein, um besser Einfluss auf die neue Regierung ausüben zu können. Als er die Tür öffnet, wirkt er viel weniger hart und unnahbar als auf den Videos, die ihn bei seinen Reden zeigen. Der Scheitel liegt nicht ganz so akkurat wie auf den Fotos, die ich in der *New York Times* von ihm gesehen habe. Er ist unrasiert. Statt Anzug trägt er Holzfällerhemd und braune Weste.

Jeder Journalist hat eine andere Art, ein Gesprächsklima mit seinem Interviewpartner zu schaffen. Nach meiner persönlichen Auffassung muss man auf menschlicher Ebene einen kleinsten gemeinsamen Nenner finden, wenn man erreichen möchte, dass sich der Gesprächspartner öffnet. Das gilt selbst für Amerikas bekanntesten Rechtsextremisten. Ich versuche es mit Humor. In Spencers noch völlig leerstehendem Büro entdecke ich nichts Persönliches. Außer einer Whiskeyflasche, die nur mäßig gut versteckt in einer Kochnische steht. Der Hals der Flasche ist bereits leer ist, daneben steht ein benutztes Glas.

«Gerade erst gefrühstückt?», frage ich bewusst provokant und deute auf die Whiskeyflasche.

«Frühstück für Champions! Zumindest da, wo ich herkomme», sagt Spencer und lacht.

«Sie sind im Moment der bekannteste Sohn der Stadt Whitefish. Die bekannteste Tochter der Stadt ist die Freestyle-Ski-Olympiateilnehmerin Maggie Voisin. Fahren Sie auch abseits der Piste?»

«Ich fahre fast nur abseits der Piste. Sind Sie auch Skifahrer?»

«Ja, ich komme aus einer deutschen Wintersportregion», entgegne ich. Das reicht an Gemeinsamkeiten. So unauffällig wie möglich signalisiere ich unserer Kamerafrau mit einem Kopfnicken, dass wir mit dem Interview beginnen können.

Auch bei der ersten Frage eines kontroversen Interviews hat fast jeder Journalist eine andere Philosophie. Man kann direkt mit einer scharfen Konfrontation beginnen, geht dann aber das Risiko ein, dass der Befragte für den Rest des Gespräches dichtmacht. Wenn genug Zeit ist, versuche ich mit der ersten Frage zunächst eine Atmosphäre zu schaffen, in der sich der Interviewpartner sicher, vielleicht sogar etwas geschmeichelt fühlt.

«Sie haben mit ihrer sogenannten ‹Alternativen Rechten› massiv den Wahlkampf von Donald Trump unterstützt. Was erwarten Sie jetzt von dem Präsidenten?»

Mit dieser Frage vermittele ich Spencer das Gefühl von Anerkennung. Scheinbar nehme ich ihn als ernst zu nehmende politische Kraft wahr. So sieht er sich selbst, daher das neue Büro hier in Alexandria.

«Ich hoffe, dass Trump sich nicht im Klein-Klein der Gesundheitspolitik oder der Deregulierung verliert, sondern sofort an den Kern dessen geht, wofür er gewählt wurde: eine ernsthafte Einwanderungsreform, die auch die Mauer beinhalten muss.»

Auf die nachfolgenden Fragen nach seinem konkreten Einfluss auf Trump und dessen damaligen Chefstrategen Steve Bannon schwurbelt Spencer, er werde eine «Wirkung» haben, lässt aber offen, wie genau er diese zu erzielen gedenkt. Wichtiger als direkter politischer Einfluss sei ohnehin die «kulturelle Wirkung» seiner Bewegung. Etwa fünf Minuten lasse ich Spencer sich als großen Vordenker der Trump-Regierung darstellen, dann wird sein Größenwahn allzu anstrengend. «Trump ist kein erfahrener Politiker», sagt Spencer, «er kommt aus dem Geschäftsleben und der Unterhaltung. Das ermöglicht uns, damit zu beginnen, für ihn zu denken.»

Nun ist es an der Zeit, konkreter zu werden.

«Mit welchem einen Wort lassen sich die Ideen zusammenfassen, die Sie Präsident Trump ‹implantieren› möchten, wie Sie es ausdrücken?»

«Identität», antwortet Spencer unumwunden. «Wir sind ein Volk. Amerika ist keine Plattform für die Wirtschaft oder eine Plattform für Immigration oder eine Plattform für die Welt. Nein, wir sind ein kohärentes Volk mit einer Geschichte, einem kulturellen Erbe und einer Zukunft.»

Auf Nachfrage erklärt Spencer, wie genau diese Identität in seinen Augen aussieht: «Weiß.»

Ich frage Spencer, ob Amerikas «Identität» nicht vielmehr durch einen Schmelztiegel der Kulturen definiert sei. Noch bemüht er sich um eine pseudokulturgeschichtliche Herleitung seiner Thesen. In Wirklichkeit hätten «nur weiße, protestantische Europäer» die amerikanische Kultur definiert. Je öfter ich nachhake, desto unverhohlen rassistischer argumentiert Spencer. «Existiert Rasse? Ja! Es ist ein genetisches Konzept.» Spencer beruft sich auf angebliche Studien, die die intellektuelle Überlegenheit der weißen Rasse zweifelsfrei belegen würden.

Ich weise ihn darauf hin, dass zum Beispiel die Innovationskraft des Silicon Valley maßgeblich von asiatischen Computergenies getrieben sei. «Die Kernidee des amerikanischen Traums ist doch, dass JEDER hier sein Glück suchen kann. Dieser Traum hat jahrzehntelang eine magische Anziehungskraft auf die schlauesten, motiviertesten Menschen aus aller Welt ausgeübt. Wollen Sie ernsthaft bestreiten, dass Amerika seine wirtschaftliche und kulturelle Stärke auch maßgeblich dieser Immigration verdankt?», frage ich ganz ruhig.

Spencer wird jetzt ungeduldig mit mir wie mit einem Kind, das auch nach dem fünften Erklärungsversuch eine Mathematikaufgabe nicht begreift. In dieser Ungeduld lässt er seine Maske fallen und spricht so, wie er wirklich denkt. Plump.

«Es sind ja nicht unbedingt nur Vergewaltiger oder Kriminelle. Viele von ihnen sind sicherlich gute Leute. Aber es ist nicht ihr Land. Es ist unser Land. Du kannst der großartigste Mensch unter den Lebenden sein oder ein Genie, aber du wirst nicht hier sein, denn dieses Land ist unseres.»

«Sie haben doch Geisteswissenschaften studiert. Wie können Sie so wenig zivilisiert argumentieren?»

«Ihr globales Konzept ist überholt!», meint Spencer. «Ihr Paradigma von Diversität, Masseneinwanderung, Multikulturalismus und antiweißer Scheinheiligkeit wird zu Blut und Tränen führen!»

Jetzt ist es für mich an der Zeit, die Katze aus dem Sack zu lassen.

«Hat Ihr Konzept von Blut und Tränen in Whitefish bereits Anwendung gefunden? Auf der Seite des ‹Täglichen Stürmers› wird gegen Ihre Mitbürger gehetzt, weil sie sich gegen Ihre Ideen engagieren.»

Spencer bestreitet eine direkte Beteiligung an den Aktionen des «Täglichen Stürmers». Er räumt zwar Kontakt zu dessen Betreiber Andrew Anglin ein, allerdings habe dieser eine «andere Wellenlänge». Doch nach mehrfachen Nachfragen wird Spencer wieder ungeduldig und rechtfertigt die Aktionen plötzlich.

«All diese Trolle vom ‹Täglichen Stürmer› kamen nicht ohne Grund. Sie haben Whitefish nicht einfach aus dem Hut gezaubert. Der Grund war, dass jüdische Anführer von Gruppen wie ‹Liebe lebt hier› oder dem ‹Netzwerk Menschenrechte in Montana› mich angegriffen haben. Wenn man sich als politischer Aktivist engagiert, muss man bereit sein zu kämpfen.»

Nach dem Interview, das insgesamt fast 90 Minuten dauert, ist mir ein wenig schwindelig. Ich muss an meinen Besuch in Whitefish denken. Dort will Familie Han nicht «kämpfen», sondern einfach nur friedlich leben. Die Kundgebung in der Stadt hat etwas Mut gemacht. «Ich habe heute endlich wieder das Gefühl, dass es mehr Verbindendes als Trennendes gibt. Wir brauchen dringend eine Debatte darüber, was es bedeutet, Amerikaner zu sein. Und wir sollten uns wieder auf die Ideale besinnen, die Amerika großartig gemacht haben», fasst Young Han seine Erkenntnisse des Tages zusammen. Wohl nicht zufällig hat er auf Trumps Wahlkampfslogan «Amerika wieder großartig machen» angespielt. Young ist stolz, dass so viele Bewohner von Whitefish ein Zeichen gegen Richard Spencer und seine «Alt Right»-Bewegung gesetzt haben. Young und seine Familie wollen sich nun doch nicht so einfach von Extremisten aus ihrem Winterwunderland vertreiben lassen. Auch wenn das Leben in Whitefish nicht mehr ist, wie es einmal war. Doch bei mir bleibt der beunruhigende Eindruck zurück, dass sich nicht nur in Whitefish das Klima verändert haben könnte, sondern im ganzen Land.

Ich fühle mich in meiner Befürchtung bestätigt, als der Nachrichtensender CNN einige Monate später sein Regelprogramm unterbricht, um Livebilder aus Charlottesville zu zeigen. In der beschaulichen Universitätsstadt in Virginia liefern sich die Teilnehmer einer rechtsextremen Kundgebung Straßenschlachten mit Gegendemonstranten. Sie prügeln mit Knüppeln aufeinander ein, treten um sich wie wild geworden, bewerfen sich mit allem, was ihnen in die Hände kommt. Viele Schläger haben sich Helme aufgesetzt und tragen Schutzschilde bei sich. Offenbar haben sie sich gezielt auf einen Gewaltexzess vorbereitet. Bis zu 6000 Menschen sollen beteiligt sein. CNN berichtet von Verletzten auf beiden Seiten.

Begonnen hatten die Auseinandersetzungen schon am Vorabend. Unter dem Motto «Vereinigt die Rechte» hatten sich Ultrarechte aus ganz Amerika in Charlottesville versammelt, darunter Mitglieder des Ku-Klux-Klan, Neonazis und Anhänger der «Alt Right»-Bewegung. Sie waren gekommen, um gegen einen Beschluss der Stadt zu demonstrieren, eine Statue des Konföderierten-Generals Robert E.

Lee aus dem amerikanischen Bürgerkrieg zu entfernen. Lee war ein Verfechter der Sklaverei. Mit Fackeln in den Händen marschierten die Demonstranten zur Universität. Dabei brüllten sie Sprechchöre wie «Blut und Boden!», «Sieg Heil!», «Ein Volk, eine Nation, keine Immigration!», und «Juden werden uns nicht ersetzen!».

Die Universität, vor der diese Rufe in die Nacht hallen, wurde 1819 von Thomas Jefferson gegründet, dem dritten Präsidenten der USA und maßgeblichen Verfasser der amerikanischen Unabhängigkeitserklärung. Jefferson hatte ein zwiespältiges Verhältnis zur Sklaverei. Einerseits sprach er sich mehrfach dagegen aus, andererseits besaß er selbst Sklaven. Für die Rechtsextremen Anlass genug, vor Jeffersons Universität aufzumarschieren. Dass sie sich Charlottesville für ihre Kundgebung ausgesucht haben, ist noch aus einem anderen Grund bemerkenswert. Die Universitätsstadt gilt eigentlich als liberal und progressiv. Bei den Präsidentschaftswahlen haben hier 80 Prozent der Wähler Hillary Clinton ihre Stimme gegeben.

Doch durch Donald Trump fühlen sich viele Rechtsextreme ermutigt, ausgerechnet in dieser demokratischen Hochburg ihren Fackelmarsch zu veranstalten. So erklärt es etwa der landesweit bekannte Neonazi und frühere Chef des Ku-Klux-Klan, David Duke, in einem Interview. «Wir werden die Versprechen von Donald Trump erfüllen. Das ist, woran wir geglaubt haben, das ist, warum wir ihn gewählt haben – weil er gesagt hat, dass er unser Land zurückholen wird. Das müssen wir tun.» Duke spricht von einem «Wendepunkt für das Volk dieses Landes».

Auch Richard Spencer marschiert an diesem Abend in Charlottesville ganz vorne mit. «Ich liebe die Fackeln», sagt er dem Magazin *Rolling Stone*. «Es ist spektakulär, theatralisch, mystisch, magisch und sogar religiös.» Am darauffolgenden Tag wird Spencer vorübergehend festgenommen. Zusammen mit Hunderten anderer weißer Nationalisten ist er vor der umstrittenen Statue von General Lee aufmarschiert. Das erhitzt die Gemüter vieler Bewohner von Charlottesville. Rund ein Fünftel der Bevölkerung sind Afroamerikaner, viele davon haben Vorfahren, die in der Sklaverei lebten. Ein junger schwarzer Gegendemonstrant hat sich selbst in Ketten gelegt und brüllt den Rechtsextremisten seine Wut und Verachtung entgegen. Polizisten in Kampfmontur wollen den Vorplatz des Bürgerkriegsdenkmals räumen. Doch Spencer weigert sich zu gehen. Seine Festnahme überträgt er per Smartphone live im Internet. Immer wieder betont er, dass die Demonstration angemeldet sei. Er leistet keine Gegenwehr und inszeniert sich als Opfer einer Staatsgewalt, die seine Meinungsfreiheit missachte.

Trotz des massiven Polizeiaufgebotes eskaliert die Lage kurze Zeit später. Ein Auto rast absichtlich in eine Gruppe von Gegendemonstranten. Eine junge Frau stirbt. Als mein Team und ich in Charlottesville ankommen, haben die Behörden bereits den Ausnahmezustand verhängt. Die Polizei hat rund um den Ort des Geschehens Straßensperren errichtet. Wir sehen gepanzerte Fahrzeuge der Nationalgarde. Bilder, die ich nur in einer Bürgerkriegsregion erwartet hätte.

Am Abend sind die Straßen menschenleer. Dieser Ruhe nach dem Sturm traue ich nicht so recht. Ein Hotelbesitzer sagt mir zwar, dass mehr als einhundert als Neonazis erkennbare Gäste fluchtartig abgereist seien. Aber in den sozialen Medien kursieren Gerüchte, dass beide Seiten sich bereits auf neue Straßenschlachten vorbereiten würden. Am Folgetag bleibt es jedoch ruhig. Vielleicht hat der Tod der jungen Frau selbst die stumpfsinnigsten Demonstranten innehalten lassen. Inzwischen ist ihr Name bekannt, Heather Heyer. Sie wurde nur 32 Jahre alt.

An der Stelle, an der sie überfahren wurde, hat jemand ein Foto von ihr aufgestellt. Ein wacher Blick. Ein Lächeln, das Lebensfreude andeutet. Der Anblick fällt mir schwer. Fassungslosigkeit, Trauer und Wut steigen in mir auf. Doch ich muss meine eigenen Emotionen kontrollieren, um für die Zuschauerinnen und Zuschauer in Deutschland die Lage möglichst sachlich beschreiben und einordnen zu können. Viele Menschen legen Blumen nieder und stellen Kerzen auf. Auch Rachel hat eine Kerze mitgebracht. Die 17-jährige Afroamerikanerin geht in Charlottesville zur Schule. «Ich habe mich hier immer wohl und sicher gefühlt», sagt sie mir mit Tränen in den Augen. «Aber jetzt habe ich Angst vor Leuten, die von außerhalb kommen, um in unserer Stadt ihren Hass auszuleben.»

Auch der Mörder von Heather Heyer kam von außerhalb, aus Ohio. Der 20-jährige James Alex Fields konnte bald nach der Tat verhaftet werden. Die Ermittler präsentierten Fotos, die ihn schon bei anderen Demonstrationen von rassistischen Gruppen zeigten. Bevor er von Ohio nach Virginia aufbrach und zum Mörder wurde, hatte er seiner Mutter gesagt, er fahre zu einer Kundgebung für Donald Trump.

Der Präsident selbst macht gerade Urlaub, als das ganze Land über die Ereignisse von Charlottesville diskutiert. Bei nationalen Tragödien wie dieser erwarten die Amerikaner von ihrem Präsidenten, dass er nicht nur als Oberbefehlshaber handelt, sondern auch als Oberseelsorger. Präsident Obama besuchte zum Beispiel nach Amokläufen die Trauerfeiern, einmal sang er sogar in einer Kirche. Präsident Trump macht jedoch keine Anstalten, nach Charlottesville zu kommen. Er meldet sich nur aus seinem Golfclub in New Jersey zu Wort. «Wir verurteilen aufs schärfste diesen Ausdruck von Bigotterie und Gewalt auf vielen Seiten.»

In den Ohren vieler Amerikaner klingt dieser Satz, als gebe der Präsident den Gegendemonstranten eine Mitschuld an der tödlichen Eskalation. Sie vermissen eine klare Verurteilung von rechtsextremer Gewalt. Für eine Einschätzung werde ich live in die *Tagesschau* geschaltet. «Hier in Charlottesville ist neben der Trauer auch viel Empörung spürbar – über den Präsidenten. Dass Trump die Schuldigen für die Ausschreitungen nicht eindeutig benennt, sorgt auch über Charlottesville hinaus für Kritik, aus der Bevölkerung und allen politischen Lagern. Und Trump wird schon seit seinem Wahlkampf vorgeworfen, er habe Rassismus salonfähig gemacht. Je länger Trump wartet, ein klares Zeichen gegen rechtsextreme Gewalt zu setzen, desto mehr dürfte er zur weiteren Spaltung des Landes beitragen», sage ich.

Erst auf den steigenden öffentlichen Druck hin äußert sich Trump einen Tag später erneut und sagt nun: «Rassismus ist böse.» Damit habe er spät, aber immerhin doch noch die richtigen Worte gefunden, sind sich viele Kommentatoren einig. Allerdings relativiert er diese Äußerung wenig später wieder. Auf einer Pressekonferenz liefert er sich einen heftigen Schlagabtausch mit den Journalisten und gibt dann seine endgültige Bewertung von Charlottesville preis. «Ich habe mir das viel genauer angeschaut als ihr», sagt Trump. «Es gab eine Gruppe, die war böse. Und es gab eine Gruppe auf der anderen Seite, die war auch sehr gewalttätig. Da waren aber auch sehr feine Leute auf beiden Seiten.»

Damit löst Trump eine neue Welle der Empörung aus. Die demokratische Opposition sieht in seiner Äußerung einen «Angriff auf Amerikas Werte». Auch aus der eigenen Partei erntet Trump scharfe Kritik. Sogar seine Vorgänger George Bush senior und junior verurteilen die Aussagen. Einige Tage später feuert Trump seinen Chefstrategen Steve Bannon, den die «Alt Right»-Bewegung lange als «ihren Mann im Weißen Haus» gefeiert hatte. Doch viele politische Beobachter in Washington werfen die Frage auf, ob Trump sich mit der Entlassung wirklich von den Ultrarechten distanzieren wollte oder ob er sich Bannons nur entledigte, weil der ihm immer öfter die Show gestohlen hatte.

Richard Spencer, der Sprecher der «Alt Right»-Bewegung, hatte jedenfalls nicht das Gefühl, dass Trump sich von seinen Anhängern am äußersten rechten Rand lossagen wollte. Er sah sich durch die Aussagen des Präsidenten in seinem Kampf für ein rein weißes Amerika bestärkt. «Wir werden nach Charlottesville zurückkommen», tönte er triumphierend.

Und ich frage mich angesichts meiner Erlebnisse in Virginia und Montana immer öfter, wie viel Platz Rassismus und Rechtsextremismus in der amerikanischen Gesellschaft wohl wirklich haben.

Zwischen Technikträumern und glücklosen Spielern

Eine Reise nach Las Vegas

Yo Brother, welcome to Las Vegas!» So herzlich wie ein «Bruder» bin ich selten von einem Taxifahrer am Flughafen begrüßt worden. «Let's hit it», sagt James, der sich mir per Handschlag vorgestellt hat, und drückt aufs Gas. «Woher bist du eingeflogen?»

«Aus Washington.»

«Aus dem einen Lala-Land ins andere», sagt James und lacht mit der tiefen Stimme eines schwarzen Blues-Sängers. Seine Stimme hat auch einen beeindruckenden Resonanzraum, James' Bauch liegt fast auf dem Lenkrad.

Inzwischen haben wir die Prachtmeile von Las Vegas erreicht, den sogenannten Strip. Die großen Hotels mit ihren Kasinos wetteifern hier um die Aufmerksamkeit der Besucher. Eines ist ganz im Stil von Paris gebaut, ein haushoher Nachbau des Eiffelturms ragt in den Himmel. Vor einer gigantischen schwarzen Pyramide aus Glas wacht eine Sphinx. Ein anderes Hotel ist ganz im Stil Venedigs errichtet worden. Einige Blocks vom Strip entfernt, sticht ein rechteckiger Turm ins Auge. Seine Architektur ist nicht originell, aber die Fassade protzt mit goldenem Glanz. Auch die Buchstaben auf dem Turm sind komplett in Gold gehalten. TRUMP.

«Trump ist eine Blamage für unser Land. Seine Wahl hat die ganze Welt geschockt», sagt James.

«Aber rund 63 Millionen Amerikaner haben ihn nun mal gewählt. Wie erklärst du dir das?»

«Bruder, das zeigt dir, wie groß der Rassismus in diesem Land noch ist.» Sein ausgeruhtes Blues-Timbre verwandelt sich in den Tonfall eines wütenden Rappers, als er fortfährt: «Viele Leute haben ihn gewählt, weil sie nach acht Jahren Obama endlich wieder einen weißen Mann im Weißen Haus sehen wollten, der sich einen Dreck um die Minderheiten schert. Guck dir doch mal seine Minister an – überwiegend weiße Männer, fast alle Millionäre oder Milliardäre.»

«Hillary Clinton hat doch auch den Ruf, sich vor allem mit den Superreichen zu umgeben. Sie gilt als zu abgehoben, um die Sorgen von Durchschnittsamerikanern zu verstehen. Vielleicht hat das auch zu ihrer Niederlage beigetragen?»

James winkt ab. «Der Grund für ihre Niederlage ist vielmehr, dass viele Rotnacken, also arme, weiße Landarbeiter, Hillarys Wahl wie die Verlängerung der Präsidentschaft Obamas empfunden hätten. Aber die Rotnacken wollen, dass der schwarze Mann endlich in der Bedeutungslosigkeit verschwindet.»

James unterstreicht seinen Polit-Rap jetzt mit Handbewegungen im Rhythmus seiner Sprache. «Obama hätte mit seinen Fähigkeiten der größte Präsident in der Geschichte der USA werden können. Doch die Republikaner im Kongress haben ihm vom ersten Tag seiner Amtszeit an Handschellen angelegt. Und weißt du warum?»

Ich schüttele etwas verlegen den Kopf.

«Weil er schwarz ist. Mit einem Präsidenten namens Mitt Romney hätten sie das nicht gemacht. Doch weißt du, was ich wirklich an Obama bewundere? Obama ist trotz dieser ganzen Demütigungen immer cool geblieben, die Ruhe selbst. Warte mal ab, ob Trump genauso besonnen reagiert, wenn er angegriffen wird – oder ob er direkt seine Raketen rausholt.»

«Mein Eindruck ist, dass viele Amerikaner Trump gewählt haben, weil sie ihn für seinen großen unternehmerischen Erfolg bewundern. Er lässt sie davon träumen, auch steinreich und berühmt zu werden. Ist der amerikanische Traum hier in Las Vegas noch lebendig?», frage ich.

«Glaub mir, Bruder, ich fahre hier Tausende von Leuten vom Flughafen ins Hotel, deren einzige Hoffnung im Leben ist, hier den Jackpot zu knacken. Der amerikanische Traum ist nur noch eine Illusion. So wie die Show von diesem arroganten Vogel da», sagt James und zeigt auf ein Großflächenplakat, das für die Show des Zauberers David Copperfield wirbt. James klatscht zum Abschied mit mir ab, als hätte ich ihm beim Basketball gerade die Vorlage für einen Drei-Punkte-Wurf gegeben. Er gibt mir das Gefühl, ich könnte ihn sogar mitten in der Nacht anrufen, falls ich in Las Vegas in irgendwelche Schwierigkeiten geraten sollte.

Um zum Check-in des Hotels zu gelangen, muss ich die gesamte Lobby durchqueren. Und die Lobby ist in Las Vegas immer ein Kasino. Schnell glaube ich die Art von Las-Vegas-Besuchern zu erkennen, die James mir vorhin beschrieben hat. Sie sitzen schon am frühen Nachmittag mit einem harten Drink in der Hand vor einarmigen Banditen oder am Pokertisch. Manche sehen aus, als hätten sie sich seit Tagen nicht von ihrem Tisch wegbewegt. Fettige Haare, Augenringe.

Ich versuche ihre Blicke zu lesen. Rausch. Resignation. Leere. Kalter Zigarettenrauch wabert durch den Raum und lässt sich auf dem schweren Teppichboden nieder, der bestimmt seit den achtziger Jahren nicht erneuert wurde. Hunderte von Spielautomaten spucken statt Münzen Melodien aus, wie sie in Computerspielen verwendet werden. Die lautstarke Disharmonie dieser Tonmischung macht mich schon nach wenigen Minuten Wartezeit am Check-in völlig nervös. Es geht mir wie einem Wellensittich, der sich in ein Rockkonzert verirrt hat. Wollte man mich mit Folter mürbe machen, mit dem Sound hier würde es funktionieren. Mir tun die Hotelangestellten leid, die bei diesem Lärm Tag und Nacht arbeiten müssen.

Las Vegas ist nicht nur ein «Paradies» für Glücksspieler, sondern auch für all jene, die digitale Spielereien lieben. Ich bin hier, um über die CES zu berichten, die größte Elektronikmesse der Welt. Hier wurden schon technische Revolutionen wie der Videorecorder oder der CD-Player vorgestellt. Zum 50. Jubiläum der Messe sind in diesem Jahr 160 000 Teilnehmer aus aller Herren Länder angereist.

Beim ersten Rundgang bleibe ich bei einem schwanzwedelnden Golden Retriever stehen, dessen Halsband bunt leuchtet. Wuffis Wohlbefinden soll in Zukunft per Sensor gemessen werden, erfahre ich. «Das Halsband sagt dir per App, ob dein Hund durstig oder hungrig ist. Es kann dir sogar sagen, ob er Schmerzen hat», erklärt ein Vertreter des Herstellers.

Einen Stand weiter kann dann Herrchen seine Haare von einer Hightech-Bürste prüfen lassen. Sie misst zum Beispiel die Elastizität und warnt rechtzeitig vor Trockenheit. Außerdem sendet sie Tipps für effizientes Bürsten auf das Smartphone. Für die möglichst effiziente Selbstinszenierung bietet eine asiatische Firma die passende Drohne an. Sie verfolgt und umkreist ihren Besitzer vollautomatisch und produziert davon Schnappschüsse, etwa wenn man auf dem Grand Canyon steht und seine Facebook-Freunde beeindrucken möchte.

Inmitten des Messetrubels entdecke ich eine schwangere Frau mit nacktem Bauch. Darauf hat sie ein längliches weißes Pflaster geklebt, unter dem sich Sensoren verbergen. Das Gerät verspricht Schwangeren mehr Gelassenheit durch permanente Kontrolle auf dem Smartphone. «Stellen Sie sich das wie ein EKG vor. Doch es werden auch Wehenaktivitäten und die Bewegungen des Kindes gemessen – einfach alles, was in Mamas Bauch passiert», erklärt Mekale Pack von der Firma Bloomlife.

Gesundheit ist ein Schwerpunktthema auf der Messe. Selbst ein Gehstock soll in Zukunft mit dem Internet vernetzt werden. Im Falle eines Sturzes sendet er einen

Notruf an Familie oder Nachbarn. Die vom Hersteller als «smarte Krücke» bezeichnete Innovation soll Senioren animieren, sich nicht zu Hause zu verkriechen, sondern selbstbewusst und sicher vor die Tür zu gehen. Dass solch sensible Daten durch die Firmen massenhaft gesammelt und ausgewertet werden können und damit auch die Gefahr des Missbrauchs besteht, spielt bei den zahlreichen Diskussionsveranstaltungen auf dem Kongress allerdings praktisch keine Rolle. Amerikaner haben ein ganz anderes Verhältnis zu Datenschutz und Innovation als Deutsche. Besonders eindrucksvoll wird das beim fahrerlosen Auto deutlich, dem heißesten Thema der Messe.

Die größten Autohersteller der Welt liefern sich während der CES auf den Straßen von Las Vegas ein Wettrennen. Dabei geht es nicht um Geschwindigkeit, sondern um künstliche Intelligenz. BMW lädt Journalisten zu einer Pressevorführung ein. Ich soll ans Steuer eines Modells der 5er-Reihe. Mit Ronald Ecker, einem jungen Ingenieur mit österreichischem Akzent, fahre ich raus auf den Highway. Als wir etwa 100 Kilometer pro Stunde fahren, fordert Ronald mich auf, eine blau markierte Taste zu drücken. «Jetzt nimm beide Hände vom Lenkrad und dreh dich mal zu mir um», sagt er von der Rückbank aus.

Nach kurzem Zögern tue ich, wie mir befohlen. Neben uns rauscht ein Lastwagen vorbei und kommt unserem BMW bedenklich nahe. Mein Puls beschleunigt mindestens so schnell auf 100 wie unser Wagen vorhin. Doch der automatisierte BMW lässt sich nicht von dem Lkw beirren. Meine Mimik spiegelt wohl eine Mischung aus Besorgnis und Begeisterung wider, was Ronald sichtlich belustigt. Ich soll ein iPad aus dem Handschuhfach holen. «Wollen wir einen Film herunterladen?», fragt Ronald und grinst. «Im Auto der Zukunft haben wir jetzt ja schließlich eine Menge Zeit, weil der Computer das Steuer übernommen hat.» Ich, offiziell immer noch der «Fahrer», schaue aus dem Seitenfenster und entdecke die Glaspyramide, deren Spitze einen gigantischen Lichtstrahl in den Abendhimmel schießt. «Zeig mal mit der Hand auf die Pyramide», fordert Ronald mich auf. Als ich das tue, zeigt mir das große Display in der Mitte des Armaturenbrettes sämtliche Informationen zu dem Hotel mit der Sphinx an, die es im Internet finden kann: Zimmerpreise, Restaurant-Menüs etc. All das soll ab 2021 auf Autobahnen serienmäßig möglich werden.

Traditionsmarken wie BMW müssen mit der Zeit gehen, denn sie werden von neuen Wettbewerbern herausgefordert. Das amerikanische Start-up-Unternehmen Faraday Future, das erst 2014 in Kalifornien gegründet wurde, nutzt die große Bühne von Las Vegas, um die Serienproduktion seines selbstfahrenden Elektrofahrzeugs FF91 anzukündigen.

«Das Publikum wird gleich mit eigenen Augen sehen, wie außergewöhnlich Faraday Future ist», kündigt der kahlköpfige Entwicklungschef Nick Sampson an. Investor Jia Yueting werde gleich die Ehre haben, die revolutionäre Selbstparkfunktion vorzuführen. Der chinesische Internet-Milliardär tritt huldvoll herbei und drückt mindestens so souverän auf Knöpfe in der Fahrertür wie Captain Kirk auf die Bedienelemente seines Raumschiffs. Und es passiert – nichts.

Vor den Augen Hunderter Hightech-Jünger und vor der versammelten Weltpresse fleht der Investor sein Lieblingsspielzeug mit Blicken an, endlich einen Mucks von sich zu geben. Doch der FF91 streikt. «Wie ich sehe, ist er noch ein bisschen faul», versucht der Entwicklungschef die Situation zu retten. Doch Nick Sampson ist nun der Mittelpunkt einer Menge von betretenem Schweigen. Er steht da wie ein Bräutigam, dessen Braut vorm Traualtar bei der entscheidenden Frage des Pfarrers einfach verstummt. Sampson könnte einem leidtun, hätten er und seine Firma Faraday Future vorher nicht allzu großspurig angekündigt, «die Schwerkraft außer Kraft setzen» zu wollen. Immerhin stellt sich Nick Sampson im Anschluss an seinen Super-GAU noch tapfer den Journalistenfragen.

«Woran hat es denn gelegen?»

«Das war nur ein Systemfehler. Draußen hat es noch perfekt funktioniert», entgegnet er mit gespielter Lässigkeit.

«Aha.»

Der Glaube an das autonome Auto scheint in Las Vegas einfach unerschütterlich. Auch wenn viele der selbständig rollenden Autos noch nicht ganz ausgereift scheinen, zeigt auch der deutsche Zulieferer Bosch schon jetzt, wie man sich die Zeit vertreiben kann, wenn der Computer das Steuer übernimmt. Am Messestand sitzt eine junge Frau in einem Cabriolet und streichelt mit ihrer Hand die Luft über der Stelle, wo bei einem normalen Auto der Schaltknüppel wäre. Ist ihr etwa die heiße Luft in der überfüllten

Messehalle nicht gut bekommen? Oder leidet sie vielleicht an Objektophilie? Ich habe einmal einen Artikel über Menschen gelesen, die ernstlich Gegenstände lieben, sich sogar sexuell von ihnen angezogen fühlen. Darin war von einer Frau die Rede, die eine Boeing 737–800 liebte. Mehrmals pro Woche zog es sie auf die Besucherterrasse eines Flughafens. Bis zu 15 Mal pro Jahr flog sie mit diesem speziellen Flugzeugtyp.

Doch was bei der jungen Frau auf dem Messestand von Bosch in Las Vegas nach einer Streicheleinheit für das Automodell aussieht, entpuppt sich als Kommando-Geste. Per Ultraschall deutet der Computer die Handbewegungen. Rezeptvorschläge erscheinen auf dem Display. Bei Bosch pflegt man offenbar noch ein traditionelles Rollenverständnis. Während der simulierten Fahrt lässt sich sogar per Webcam nachschauen, was der heimische Kühlschrank gerade hergibt. Mit solchen Entwicklungen werde der typische Vielfahrer in den USA und Deutschland fast hundert Stunden pro Jahr effizienter und entspannter nutzen können, rechnet die Firma vor.

Aber ist der geniale Computer wirklich auf alles vorbereitet? Der erste tödliche Unfall eines Autos im Selbstfahrermodus im Mai 2016 auf einer Autobahn in Florida hat Skepsis ausgelöst. Es war ein Fahrzeug des US-Herstellers Tesla. Zum Zeitpunkt des Unfalls nutzte der Fahrer die automatische Geschwindigkeitseinstellung, doch laut Untersuchungsbericht war der Wagen deutlich zu schnell unterwegs. Außerdem wurde eine Funktion genutzt, die den Wagen auf derselben Spur halten sollte. Das ging aus dem Bordcomputer hervor. Aber die Limousine raste in einem 90-Grad-Winkel gegen einen Truck, der gerade links abbiegen wollte. Dabei wurde das Dach buchstäblich abrasiert, der Rest des Wagens kam auf der anderen Seite des Lkw wieder zum Vorschein. Tesla vermutete als Hauptursache des Unfalls, dass der Autopilot nicht zwischen der weißen Seitenwand des Lkw und dem hellen Himmel unterscheiden konnte. Deshalb habe er keine Notbremsung eingeleitet.

Dieses Unglück wirft auch ethische Fragen auf. Wie würde ein selbstfahrendes Auto zum Beispiel reagieren, wenn es bei einem unvermeidbaren Aufprall zwischen einem Kind und einem alten Menschen entscheiden müsste? Welchem Leben würde der Computer einen höheren Wert beimessen? «Wenn es tatsächlich einmal zu dieser Situation kommt, dann wird eine Entscheidung erforderlich sein, die kein Automobilzulieferer oder kein Automobilhersteller selber treffen wird. Das heißt, hier muss es sicherlich übergreifende Regelungen geben, die in der Industrie mit der Politik zusammen und mit Versicherungen zusammen geregelt werden», sagt mir Stephan Kraus von Bosch.

Ich frage auch bei BMW nach und bin über die Antwort etwas erschrocken. Die autonomen Autos wären derzeit noch gar nicht in der Lage, eine solche Gewissensentscheidung zu treffen. «Es wird nicht unterschieden, wie der Mensch aussieht. Das könnten wir auch gar nicht sensorisch erfassen. Sondern es wird auf Menschen reagiert, maximal gebremst und damit auch maximal das Leben geschützt», erklärt mir Reiner Friedrich, der bei BMW die Abteilung Funktionsentwicklung autonomes Fahren leitet. In Las Vegas erlebe ich, wie sich die Hersteller aus aller Welt mit ihren Visionen vom selbstfahrenden Auto zu übertrumpfen versuchen. Doch hinter dem Vorhang zur schönen neuen Autowelt verbergen sich noch viele ungelöste technische, gesetzliche und ethische Fragen.

So spricht in Las Vegas auch kaum jemand darüber, wovon in Zukunft all die Fahrer leben sollen, wenn ihre Jobs durch selbstfahrende Roboter ersetzt werden. Bis zu 300 000 Lastwagen-, Taxi- und Busfahrer könnten allein in den USA ihren Job verlieren, wenn selbstfahrende Autos die volle Marktreife erlangt haben – pro Jahr. Zu diesem Ergebnis kommt eine Studie der Investmentbank Goldman Sachs. Und viele weitere Berufe könnten von der Technologie-Revolution betroffen sein: Sekretäre, Kassierer, Kellner und auch Immobilienmakler sind laut der Studie besonders bedroht.

Die Unternehmensberatung McKinsey kommt in ihren Berechnungen zu dem Ergebnis, dass in den USA bis zum Jahr 2030 bis zu 73 Millionen Arbeitsplätze durch Automatisierung verloren gehen könnten. Betroffen seien weniger die schlecht bezahlten Jobs, weil sich ihre Automatisierung nicht lohne. Betroffen seien vor allem Arbeitsplätze mit mittleren Einkommen. Während die Mittelklasse weiter schrumpfe, werde die Schere zwischen Haushalten mit hohen und niedrigen Einkommen immer weiter auseinanderklaffen, so die Studie. Die große Zukunftsfrage sei, ob die Millionen von Menschen, die durch Roboter ersetzt werden, jemals einen neuen Job finden würden.

Die Vorstellung erschüttert mich, dass so viele Amerikaner ihren Arbeitsplatz verlieren und ihre letzte Hoffnung auf etwas Wohlstand im Glücksspiel enden könnte. Denn hier in Las Vegas habe ich dieses düstere Zukunftsszenario bereits einen Moment lang als Realität erlebt: auf der einen Seite die Abgehängten, die mit leerem Blick auf den Roulettetisch starren. Auf der anderen Seite jene Amerikaner, die sich von einem selbstfahrenden Auto durch die Gegend kutschieren lassen, weil sie es sich leisten können.

Ich nehme ein Taxi Richtung Flughafen. Kurz überlege ich, ob ich den Fahrer frage, was er tun würde, wenn er irgendwann durch ein selbstfahrendes Auto ersetzt würde. Aber dann erscheint mir die Frage unpassend, denn der Fahrer blickt so grimmig, als habe er im Moment noch mit ganz anderen Problemen zu kämpfen.

Als wir am Flughafen ankommen, gerate ich ins Stocken. Warum hat die Rückfahrt nur 25 Dollar gekostet, während ich auf der Hinfahrt mit James das Doppelte bezahlt habe? Die nette Dame bei der Gepäckabgabe erklärt mir auf Nachfrage, dass mein «Bruder» James wahrscheinlich absichtlich einen großen Umweg über den Highway genommen hat, statt den kürzesten Weg zu fahren. Enttäuschung macht sich in mir breit. Zumindest in puncto Geschäftssinn stand James dem von ihm so verachteten Donald Trump offenbar doch ein bisschen nahe. In Amerika hat wohl alles seinen Preis, sogar ein interessantes Gespräch mit dem Taxifahrer.

Acht Sekunden Lebensgefahr

Die Cowboykids von Texas

Mit brutaler Wucht wirft der Stier sein Gewicht gegen die rostigen Stangen, die sein Gefängnis bilden. Links und rechts hat er höchstens einen halben Meter Platz, um seiner unbändigen Ungeduld Luft zu machen. Auch nach vorne hat er gerade genug Raum, um seine armlangen Hörner gegen das Holzgatter zu schlagen. Doch das Dröhnen seiner Hörner auf dem Holz, das dumpfe Ächzen der Stangen unter seinem massigen Körper reichen ihm, um seinen Teil zu dieser Geschichte beizutragen. Den anderen Teil wird mir Ridge erzählen, wenn er diesen Stier geritten hat.

Noch kann er nicht sprechen, ein Mundschutz hindert ihn daran. Erst kurz bevor er die Stangen emporgeklettert ist, hat er seinen Cowboyhut gegen einen Helm getauscht. Ein Gitter schützt sein Gesicht und macht es mir schwer, darin unbeirrbare Entschlossenheit, adrenalingesättigte Vorfreude oder nackte Angst zu lesen.

Ridge schwingt sich mit einem Satz auf den Rücken des Tieres. Der Stier brüllt theatralisch auf und wuchtet sich erneut mit aller Kraft auf die linke Seite seiner Box, als wolle er seinen Herausforderer daran zerquetschen. Doch die Beine des Reiters entkommen ihm rechtzeitig, sie sind kurz und flink. Ridge ist noch kein Mann, sondern ein achtjähriger Junge. Er presst seine Beine mit aller Kraft an den Stier. Die Sporen seiner kleinen Stiefel graben sich in das Fell. Unter der braun-weiß gefleckten Oberfläche des Stieres ist kaum Fett erkennbar, dafür Muskelpakete, die eigens für diesen Augenblick gezüchtet wurden.

Flint Hughes, der Vater des Jungen, steht auf der anderen Seite der Box und wird gleich das Gatter öffnen. Sein Sohn wird dann auf dem Stier in eine umzäunte Arena katapultiert. Der Stier wird mit jeder Faser seines Körpers versuchen, Ridge abzuwerfen, vielleicht sogar zu verletzen oder gar zu töten. Wenn sich das Tor öffnet, beginnt eine Geschichte über den ewigen Kampf zwischen Mensch und Natur, über Unterwerfung und Widerstand, über Vater und Sohn.

Einige Stunden zuvor haben mich Ridge, sein zehnjähriger Bruder Rowdy und sein vierzehnjähriger Bruder Riggen auf ihrer Ranch in Texas empfangen. Wie es sich für echte Cowboys gehört, sind mir die drei auf ihren Pferden entgegengaloppiert. «Wie wird man eigentlich Cowboy?», lautet meine erste Frage. «Du brauchst einen Hut. Wenn du keinen Hut trägst, darfst du gar nicht in die Nähe der Bullen», erklärt mir Ridge lächelnd und lässt eine Zahnlücke erkennen. Unter dem rechten Auge hat er eine beachtliche Narbe. «War das ein Bulle?», frage ich.

«Nein, ein Pferd, das nach hinten ausgetreten hat. Da war ich erst drei. Aber schon vierzehn Stiche!» Wieder kommt die Zahnlücke zum Vorschein. Rowdy, der mittlere der drei Brüder, kommt auf meine Frage zurück.

«Man wird nicht als großer Cowboy geboren. Man muss als kleines Kind anfangen, viel üben und viele Bullen reiten.» Der vierzehnjährige Riggen erklärt, er sei ruhig, cool und gut sortiert. «Es gibt nichts, was mich aus der Ruhe bringt oder mich nervös macht.» Nicht nervös zu werden ist allein beim Anblick der Bullen, auf denen die Brüder später reiten werden, gar nicht so einfach. Die Jungs hingegen betrachten gleich eine ganze Herde als ihre Haustiere. Die Brüder sind dafür verantwortlich, die Bullen zu füttern. Auch um die Verpflegung der Pferde, Hühner und Schweine kümmern sie sich. Klaglos misten sie auch die Ställe aus.

Er könne die Jungs gar nicht früh genug an die Arbeit auf der Ranch heranführen, erklärt mir Vater Flint auf die Frage, ob die körperliche Arbeit für Heranwachsende nicht etwas zu hart sei. Sein Urgroßvater habe schon mit acht Jahren die Verantwortung für die gesamte Ranch übernehmen müssen, als dessen Vater nach einem Unfall erblindete. Ganze Wochen sei der Achtjährige damals von zu Hause fort gewesen, um vom Pferd aus das Vieh zu treiben. «Diese Tradition von harter Arbeit und Liebe zur Natur müssen wir bewahren», sagt Flint. Flint ist eigentlich kein Mann der großen Worte. Er öffnet seinen Mund gerade so weit, wie nötig ist, um einige Laute hervorzupressen. Sprechen hält er wohl für Energieverschwendung. Aber als er mich über das Gelände führt, gerät er regelrecht ins Schwärmen. «Diese Ranch ist mein Leben. Ich liebe sie.» Selbst der härteste Cowboy zeigt also manchmal Gefühle. «Was genau liebst du daran?»

«Es ist Land. Es ist etwas, das viele Leute nicht haben. Es ist mein Rückzugsort. Ich kann hier rauskommen und bin einfach weg.» Vor 15 Jahren hat Flints Großvater ihm die Ranch übergeben. Irgendwann sollen seine Jungs alles übernehmen. Sie seien auf einem guten Weg.

Und theoretisch gibt es für die Jungs auch genug Land, um noch kräftig zu expandieren. Texas ist flächenmäßig größer als Deutschland und Großbritannien zusammen. Dieser US-Bundesstaat ist in vielerlei Hinsicht ziemlich groß: Texas ist größter Ölproduzent der USA sowie größter Produzent von Baumwolle und Rindfleisch. Auch insgesamt ist die Landwirtschaft nach wie vor ein wichtiger Wirtschaftszweig für die USA. Die Exporte übersteigen die Importe bei weitem.

Allerdings sind die Beschäftigungszahlen deutlich zurückgegangen. Im Jahr 1900 waren rund 40 Prozent aller Arbeitskräfte in den USA auf Farmen beschäftigt, heute sind es etwa noch 1,5 Prozent. Auch die landwirtschaftliche Nutzfläche nimmt in Amerika kontinuierlich ab. Aber Dank moderner Maschinen, Dünger, Saatgut sowie inzwischen auch datenbasierter Hochtechnologie steigt die Produktivität. Kurzum: Die amerikanischen Farmer machen aus immer weniger immer mehr. Der Mythos vom Landwirt als Verkörperung von Tugenden wie harter Arbeit und Unabhängigkeit lebt weiter, besonders hier in Texas.

Stolz führt Flint mich in eine Lagerhalle und präsentiert mir ein halbes Dutzend Geweihe. Die haben Ridge, Rowdy und Riggen beim letzten gemeinsamen Jagdausflug geschossen. Der kleine Ridge sei zwar eigentlich noch zu klein, um das Gewehr richtig zu halten, aber trotzdem schieße er schon sehr beachtlich. Die Familie kann sich hier fast komplett selbst versorgen. Sogar die Buletten für ihre Hamburger machen sie aus selbst geschossenem Wild. In den Supermarkt fahren sie nur alle paar Wochen. Im Angeln sind alle drei Söhne schon echte Profis.

Aber die Ranch bedeutet für die Jungs nicht nur Arbeit, sondern auch viel Vergnügen. In der Lagerhalle stehen drei Motorräder, die eigens an die Größe der Brüder angepasst wurden. Mit ihnen dürfen sie über das 100 Hektar große Grundstück brettern. Alle drei haben ein eigenes Baumhaus, eines davon kann sogar über eine lange gelbe Rutsche verlassen werden. Auch ein Pool gehört zu dem Abenteuerspielplatz. Im Moment fehlt allerdings das Wasser. Denn vor kurzem ist ein Bulle hineingefallen und konnte erst geborgen werden, nachdem Flint den Stöpsel gezogen hatte. Ridge, Rowdy und Riggen haben auch jeweils einen eigenen Hund. Was für viele Stadtkinder ein ferner Traum ist, versteht sich hier fast von selbst.

«Ich bin froh, dass die Jungs hier draußen in der großen Weite aufwachsen. Sie brauchen keine Filme und Computerspiele, denn sie erleben hier jeden Tag ein neues Abenteuer», sagt Flint. Wenn er und seine Frau Kellie zum Einkaufen in die nächstgelegene Stadt Killeen müssten, würden die Jungs förmlich betteln, auf der Ranch bleiben zu dürfen. Aber das sei auch ganz gut so, denn in der Stadt lauerten schließlich schlechte Einflüsse und Kriminalität. Killeen hat rund 130 000 Einwohner und ist tatsächlich bekannt für eine überdurchschnittlich hohe Zahl an Morden, Vergewaltigungen und Einbrüchen. Die nächste echte Großstadt ist Austin, die Landeshauptstadt von Texas. Austin ist eine liberale Trutzburg inmitten eines ansonsten erzkonservativen Staates. Man könnte Texas mit einem Augenzwinkern als das Bayern der USA bezeichnen. Auch wegen der enormen Wirtschaftskraft. Texas lebt nicht nur von der Landwirtschaft und vom Öl. Es boomen auch die Elektronik- und Raumfahrtindustrie. Die großen Wirtschaftsmetropolen sind Houston, San Antonio und Dallas.

Der nächste Morgen auf der Ranch von Familie Hughes beginnt mit dem Treue-Gelöbnis auf die amerikanische Fahne. «Ich schwöre Treue auf die Fahne der Vereinigten Staaten und auf die Republik, für die sie steht. Eine Nation unter Gott, unteilbar, mit Freiheit und Gerechtigkeit für jeden.» Diese Worte sprechen die Brüder feierlich und synchron. Der kleine Ridge darf heute die Fahne mit den Sternen und Streifen halten, er ist sichtlich stolz darauf. Sogar die Cowboyhüte haben die Jungs kurz abgenommen, die sie sonst sogar in geschlossenen Räumen ununterbrochen tragen.

Dieser Eid auf die Fahne ist zum Schulbeginn überall in Amerika üblich. Außergewöhnlich ist jedoch, dass Ridge, Rowdy und Riggen zu Hause und von ihrer Mutter unterrichtet werden. Früher hat Kellie als selbständige Fotografin gearbeitet. Irgendwann beschloss sie, ihr Leben ganz in den Dienst ihrer Söhne zu stellen. Eine Ausbildung zur Lehrerin braucht sie nicht, um ihre Kinder zu Hause unterrichten zu dürfen. In dem großzügig gebauten Wohnhaus der Ranch hat Kellie ein eigenes Klassenzimmer eingerichtet. Von der Decke hängen aufwendig gebastelte Sonnen- und Planetensysteme, an den Wänden geben bunte Plakate Auskunft über das menschliche Skelett oder die großen Indianerkriege. Jeder Junge hat eine eigene Ecke mit Bücherregal, Schreibtisch und Computer. Der Mathelehrer kommt per DVD ins Haus, alle anderen Fächer unterrichtet Kellie. «Die Kinder zu Hause zu unterrichten ermöglicht es uns, zu reisen und an Rodeos teilzunehmen. Wir haben unseren Kalender selbst in der Hand und können unser Leben führen, wie wir es wollen», sagt sie. Außerdem könne sie als Mutter viel besser auf die unterschiedlichen Lerngeschwindigkeiten ihrer Söhne eingehen als jeder Lehrer in einer öffentlichen Schule. Für den Unterricht hat sie ihre weizenblonden Haare zu einem Pferdeschwanz gebunden, was sie etwas streng wirken lässt. Und tatsächlich füllt sie die Rolle der Lehrerin voll aus. Als Rowdy sich während einer Stillarbeit ablenken lässt, weil ein Kälbchen namens Betsy den Kopf durch das offene Fenster steckt, um sich eine Streicheleinheit abzuholen, ruft Lehrerin Kellie ihn in scharfem Ton zur Ordnung.

Trotzdem scheinen die Jungs das «Home-Schooling»-Modell gut zu finden. «Gestern zum Beispiel sind wir schon um zwei Uhr mittags Bullen geritten. In einer öffentlichen Schule hätten wir um diese Zeit noch Mathe machen müssen», sagt Riggen und lacht triumphierend. Ob ihnen nicht der Kontakt zu anderen Kindern fehle? «Nein, andere Kinder sehe ich ja am Wochenende bei den Rodeos. Unter der Woche reicht es mir, mit meinen Brüdern zu spielen», sagt Ridge.

Kellie erklärt, wichtiger noch als Wissen seien ihr die Werte, die sie ihren Söhnen vermitteln will. «Sie sollen dem Arbeitsethos und Vorbild ihres Vaters folgen. Er steht jeden einzelnen Tag auf und geht arbeiten, egal ob es regnet oder die Sonne scheint. Er arbeitet immer, um unsere Familie zu ernähren und uns ein glückliches Heim zu bieten. Alles, was wir hier tun, ermöglicht er uns. Genau so eine Persönlichkeit sollten sie werden. Eine Persönlichkeit, auf die man stolz sein kann.»

Heute stehen die amerikanischen Präsidenten auf dem Stundenplan. Mama Kellie zeigt auf einer Spielkarte das Porträt eines Präsidenten, ihre Söhne müssen ihn erkennen und jeweils einen Fakt nennen. Dass George Washington der erste Präsident der USA war, weiß ja jedes Kind. Aber dass die Gattin von Präsident James Madison Dolley hieß und aus der Sicht der Brüder durchaus attraktiv war, ist mir neu. «Was wisst ihr denn über die neue First Lady?», möchte ich wissen.

«Melania hat etwas lockige Haare und trägt schicke rote Kleider», prescht Ridge vor und untermalt seine Beschreibung mit einem leicht verlegenen Lächeln. Über den neuen Präsidenten weiß Ridge auch schon etwas. «Donald Trump wird eine Mauer quer durch Amerika bauen. Und er wird Amerika wieder großartig machen.»

Auch beim anschließenden Mittagessen ist Trump ein Thema. Seinen Erlass, mit einer Mauer die illegale Einwanderung aus Mexiko zu stoppen, findet die ganze Familie gut. Flint ernährt die Familie mit einem Maurerbetrieb und sagt, die für Schwarzgeld arbeitenden Mexikaner machten ihm die Preise kaputt. «Sie arbeiten für einen Bruchteil von dem, was man braucht, um hier in den USA zu leben. Dann senden sie das Geld zurück nach Mexiko. Das macht es wirklich hart für Leute wie uns. Wir versuchen hier zu leben, unsere Steuern zu zahlen, aber es ist wirklich hart. Wir müssen beim Thema Einwanderung definitiv etwas ändern.»

Texas ist einer der US-Bundesstaaten, die direkt an Mexiko grenzen. Weil Flint selbst keine Schwarzarbeiter beschäftigen will und dementsprechend teurer ist als viele Konkurrenten, muss er auf staatliche Aufträge setzen. Die sind in Texas jedoch rar, und er ist gezwungen, in benachbarte US-Bundesstaaten wie Arkansas oder New Mexico auszuweichen. «Deshalb ist er oft drei, vier Wochen am Stück nicht zu Hause», beklagt Kellie. «Flint verpasst zum Teil, wie unsere Kinder groß werden, weil illegale Ausländer einfach über die Grenze kommen.» Donald Trump habe verstanden, welche Auswirkungen das für hart arbeitende Amerikaner habe. Auch sonst ist Kellie voll des Lobes für den Präsidenten. «Er kämpft für meinen Glauben und meine Werte. Und er setzt um, was er versprochen hat.»

Schnell dreht sich das Tischgespräch wieder um das Lieblingsthema der Familie, das Rodeo. Was ich vorher gar nicht wusste: Rodeo ist keinesfalls eine vom Aussterben bedrohte Tradition, die nur noch von einer Handvoll waghalsiger Landeier gepflegt wird. Vielmehr ist Rodeo in den USA eine absolute Trendsportart. Das zeigen schon die Zuschauerzahlen. Während Mitte der 1990er Jahre rund 300 000 Menschen pro Jahr Wettkämpfe ansahen, zieht es inzwischen drei Millionen in die Arenen. Rodeo wird auch live im Fernsehen übertragen. Die besten Reiter sind Superstars, die ein Vermögen verdienen. Allein beim Finale der Weltmeisterschaften in Las Vegas winkt für den Sieger ein Preisgeld von einer Million Dollar. Davon träumen auch die drei Jungs. Und sie scheinen auf dem besten Weg zu sein, ihr Hobby zum Beruf zu machen.

Ich solle mal die Gürtelschnallen auf dem Kamin zählen, sagt Rowdy, während er sich den Teller mit *Brisket* volllädt. Die aufwendig zubereitete Rinderbrust ist das Leibgericht der Texaner. In einem Barbecue-Smoker, einem holzbefeuerten Ofen, der bei fast jedem Texaner auf der Terrasse steht, wird das *Brisket Beef* bei Niedrigtemperatur im heißen Rauch zehn bis fünfzehn Stunden lang gegart. Bei Familie Hughes gibt es dazu Kartoffelsalat und *Doctor Pepper*, eine Art Cola mit Marzipangeschmack, die in der Nähe hergestellt wird.

Mir schmeckt es ausgezeichnet. Die acht silbern glänzenden Gürtelschnallen auf dem Kamin haben die Bedeutung von Pokalen. Die Namen der Brüder, Orte der Wettbewerbe und die Jahreszahl sind darin eingraviert. Alle acht wurden im vergangenen Jahr erkämpft. Bis zu 150 Dollar Preisgeld gab es jeweils noch dazu. Stolz erzählt Flint, dass seine Jungs auf dem Rückweg von den Rodeos oft mehr Bargeld in der Tasche haben als er selbst. Die Auszeichnungen aus den Vorjahren hängen an den Wänden. Flint hat die Gürtelschnallen in Form von Kreuzen aufgehängt.

Ein gesundes Gottvertrauen ist auch nötig, wenn man Rodeo reitet. Am Nachmittag wird es ernst. Die Jungs müssen trainieren, am Wochenende steht der nächste Wettkampf an. Als Erster zieht der kleine Ridge die Sporenstiefel an. Ohne einen Moment des Zögerns klettert er in die Box und schwingt sich auf das Tier. Acht Sekunden soll er ihn gleich reiten. Halten darf er sich nur mit einer Hand. Fest umgreift Ridges kleine Faust das Seil, das um die Brust des Tieres geschwungen ist. Dann öffnet sich das Gatter. Der Stier stürmt heraus und buckelt sofort. Ridge rutscht auf die Seite des Tieres und fällt von dort aus unsanft in den Sand. Er bleibt liegen, scheint sich weh getan zu haben. Doch Vater Flint bemerkt nur, dass sein Sohn sich keine acht Sekunden gehalten hat. «Das kann doch nicht wahr sein», ruft er und schüttelt den Kopf. «Was tut dir weh?», frage ich Ridge, als er angehumpelt kommt. Bei seiner Landung hat er eine Menge Sand in den Mund bekommen, die er erst mal ausspucken muss. «Es tut mir weh, nicht zu gewinnen. Wenn du gewinnst, fühlst du dich gut. Wenn du nicht gewinnst, fühlst du dich nicht gut.»

Vater Flint schickt unterdessen den zehnjährigen Rowdy zur Box. Dessen Stier ist, seiner Altersklasse entsprechend, gleich eine Nummer größer. Wieder öffnet Flint das Gatter, Rowdy hält sich exakt acht Sekunden, die mir wie eine Ewigkeit vorkommen. Doch der Absprung gelingt ihm nicht optimal, er verdreht sich bei der Landung im Sand den Arm. Flint sieht seinem Sohn tief in die Augen und klopft ihm kurz auf die Schulter. Schon scheint es Rowdy besser zu gehen. «Reiten die Jungs eigentlich freiwillig oder eher dir zuliebe?», will ich von ihm wissen. «Die Jungs sind Adrenalin-Junkies. Wir haben sie auch Baseball und Basketball ausprobieren lassen, aber sie wollten immer nur Rodeo reiten. Sie lieben es.»

«Du liebst Rodeo offensichtlich auch. Warum?» – «Wie ich schon sagte, es ist ein Adrenalinrausch. Es geht in dein Blut, und es geht nie wieder weg. Ich bin seit zwanzig Jahren keinen Bullen mehr geritten, und trotzdem träume ich noch jede Nacht davon. Es hört niemals auf.»

Dann macht sich Riggen bereit, der älteste der drei Brüder. Er will heute einen besonders wilden Stier namens Blue herausfordern. 65 Kilo Teenager gegen 1000 Kilo Stier. Riggens Körperspannung reicht von Kopf bis Fuß, mit der Aura eines antiken Gladiators schwingt er sich auf den Stier. Als sich das Tor öffnet, bietet sich ein paradoxes Bild von Brutalität und Anmut. Obwohl sie Gegner sind, verschmelzen Riggen und der Stier zu einer Einheit. Riggen scheint die in meinen Augen unberechenbaren Bewegungen des Stieres vorauszuahnen und gibt sich ganz dem Rhythmus des Tieres hin. Acht Sekunden vergehen, Riggen scheint zu triumphieren. Er versucht seine Hand aus der Schlaufe zu lösen und fällt in den Sand, als der Stier plötzlich Revanche nimmt. Er schwingt seine Hinterbeine einen guten Meter in die Höhe und lässt einen Huf auf Riggens Körper niederkrachen. Ridges hoher Schrei erinnert blitzartig daran, dass kein Mann den Stier herausgefordert hat, sondern ein Junge. Riggen wimmert wie ein Kind.

Mutter Kellie eilt herbei. Für Notfälle wie diese hat sie eine Erste-Hilfe-Ausbildung absolviert. Kellie rollt ihren Sohn auf die Seite und prüft, ob etwas gebrochen ist. In der Rodeo-Welt endeten solche Unfälle schon tödlich. Kellie will gerade einen Arzt anrufen, da richtet sich Riggen ganz langsam wieder auf. «Ich wollte abspringen, aber meine Hand hing im Seil fest. Und so wurde ich seitlich runtergerissen. Ich schlug auf dem Boden auf, und dann trat er auf mich. Er hat mir in den Hintern getreten.»

Auch seine Mutter gibt sich schnell wieder gelassen. «Als Mama erkennst du am Schrei, ob es wirklich schmerzhaft ist oder ob es nur ein bisschen weh tut. Es gibt verschiedene Stufen eines Schreis. Aber jetzt ist er wieder o.k.», sagt sie und gibt ihrem Erstgeborenen einen Klaps auf den Hintern. «Das passiert», spielt auch Flint die aufregende Situation herunter. «Er hat halt einen Huf auf den Hintern gekriegt. Aber er ist 14, er wird darüber hinwegkommen. Wir haben morgen den nächsten Bullen für ihn.» Er sei stolz auf seine Söhne, weil sie niemals aufgeben.

«Lebt ihr beim Rodeo den amerikanischen Traum?», frage ich. «Absolut. Amerika ist ein großartiges Land. Hier kannst du sein, wer immer du sein möchtest. Wir sind eben Cowboys. Wir lieben genau dieses Leben hier.»

Dieses Leben könnte ich mir nicht vorstellen. Ich würde mein Kind nicht auf einen Bullen setzen, und ich würde es auch nicht selbst zu Hause unterrichten. Und doch berührt mich der Besuch bei den Hughes zutiefst. Denn ich erlebe einen Familienzusammenhalt, den man seinem Gast nicht einfach vorspielen kann. Ich beobachte eine Mutter, die in der Erziehung nicht nur auf Wissen setzt, sondern auch auf Werte. Und ich erlebe einen Vater, der auf den ersten Blick rau und hart erscheint, dessen Söhne jedoch in jeder Sekunde ausstrahlen, dass sie sich seiner Liebe voll bewusst sind.

Die mythische Route 66 war der Inbegriff des amerikanischen Traums. Sie hat ihre praktische Bedeutung verloren, aber die Legende lebt.

Impressionen entlang der Route 66: der Himmel über Arizona, auf der Erde neben Schönheit oft auch Verfall.

Linke Seite oben: Zuversicht unter Tage in West Virginia: Im Gespräch mit Chad Riffe; seit 30 Jahren lebt er von der Kohle. Linke Seite unten: ein Geisterhaus in Welch/ West Virginia, eines von vielen Zeugnissen besserer Tage in der Region.

Die Cowboy-Kids in Texas: lebendige Tradition. Riggen (14), Rowdy (10) und Ridge (8, v. l.) lieben ihr Leben auf der Ranch und das Rodeo.

Linke Seite: Besuch in Nogales, der durch eine Mauer geteilten Grenzstadt zwischen Arizona und Mexiko. Im schlecht gesicherten Hinterland aber haben Schmuggler leichtes Spiel. Im Gespräch mit Sheriff Tony Estrada (oben) und Rancher Jim Chilton.

Rechte Seite: Trump-Kundgebung in Kentucky und Anti-Trump-Demonstration in Silicon Valley/ Kalifornien: Während der Präsident sich brüstet, seine Versprechen einzuhalten, fragen sich viele Amerikaner, wie viel Gesundheit sie sich noch leisten können. Die Hightech-Schmiede fürchtet, dass innovative Immigranten nicht mehr in die USA kommen.

PROMISES MADE
PROMISES KEPT

SHINOLA
DETROIT
HEALTH CARE IS A RIGHT!
SINGLE-PAYER NOW!

Extreme Ereignisse auch im Alltag eines Korrespondenten: Berichterstattung aus Miami/Florida über Hurrican Irma und über rechtsextreme Ausschreitungen in Charlottesville/Virginia.

Blickpunkt Washington: Einsatz im Pressezentrum des Weißen Hauses und auf der Straße. An beiden Orten kann es hoch hergehen.

Linke Seite: Umweltaktivist Esau Sinnok lebt auf der Insel Sarichef am Rande des Nordpolarmeeres vor Alaska. Die Insel ist vom Untergang bedroht, die Bewohner müssen sie verlassen. Schuld ist der Klimawandel.

Rechte Seite: Sonnenuntergang über Alaska – ein wundervoller Anblick. Aber der Klimawandel ist bereits allgegenwärtig. Studenten der Universität Alaska erkunden seine Folgen für das Meer, der Forscher Eran Hood (letzte Seite) für den Mendenhall Gletscher, der jedes Jahr zehn Meter an Höhe verliert.

Ein Leben als Feind

Das Weiße Haus im Kampf gegen die Medien

Bei aller gebotenen journalistischen Distanz ist es an dieser Stelle Zeit für ein Geständnis. Kurz bevor ich zum ersten Mal als Besucher und noch während der Präsidentschaft Barack Obamas das Weiße Haus betrat, fühlte ich mich wie ein kleiner Junge, vor dem sich am Heiligabend die Tür zum Wohnzimmer mit dem Weihnachtsbaum öffnete. Ein feierlicher, aufregender und geheimnisvoller Moment. Statt Geschenken würde mich im Weißen Haus erlebbare Geschichte erwarten. Ich betrachtete die imposanten Marmorsäulen und dachte an die Sklaven unter den Arbeitern, die das Weiße Haus erbaut hatten, in das nun ein schwarzer Präsident eingezogen war.

Mein Blick fiel auf ein Porträt in Öl über einem antiken Flügel. Das Gemälde zeigte Bill Clinton, und ich musste unwillkürlich an seine besondere Fürsorge für eine Praktikantin denken, die ihn fast die Präsidentschaft gekostet hätte. Majestätisch wirkt der East Room mit seinen goldenen Vorhängen, der größte Saal im Weißen Haus. Unter drei riesigen Kronleuchtern fanden zahllose Staatsdinner mit Generationen von Weltenlenkern statt. Die ermordeten Präsidenten Abraham Lincoln und John F. Kennedy wurden hier aufgebahrt. Und Präsident Lyndon B. Johnson unterzeichnete im East Room die Bürgerrechtsgesetze zur landesweiten Abschaffung der Rassentrennung. Im Red Room, einem in dunklen Rottönen gehaltenen Gesellschaftszimmer, das von einigen Präsidenten als Musikzimmer und von anderen für Dinner im kleinen Kreis genutzt wurde, erfuhr ich eine Geschichte über die frühere First Lady Eleanor Roosevelt. Sie organisierte hier in den 1930er Jahren inoffizielle Pressekonferenzen für Journalistinnen, denn Frauen waren damals von den regulären Presse-Briefings noch ausgeschlossen. Eleanors Gatte, Präsident Franklin D. Roosevelt, brüskierte derweil gern einmal missliebige männliche Kollegen, indem er sie öffentlich zu Mitgliedern im «Dummkopf-Club» erklärte.

Das Verhältnis zwischen Präsidenten und Medien war schon immer von Spannungen und Kuriositäten geprägt. Grover Cleveland ließ Journalisten gerne stundenlang bei Wind und Wetter vor dem Weißen Haus warten. Um seine Kritiker verstummen zu lassen, unterzeichnete Präsident John Adams 1798 ein Gesetz, das die Veröffentlichung «falscher, skandalträchtiger oder boshafter Schriften» gegen Amtsträger unter Strafe stellte. Viele Journalisten wanderten ins Gefängnis. Unter Thomas Jefferson wurde das Gesetz für verfassungswidrig erklärt, und der Kongress musste sich bei den Journalisten entschuldigen. Trotz seines Einsatzes für die Pressefreiheit ist von Jefferson aber auch der Satz überliefert, Zeitungen würden größtenteils «nur eine Karikatur von unzufriedenen Geistern präsentieren». Präsident Nixon sagte während der Watergate-Affäre zu Reportern, sie sollten nicht glauben, dass sie seinen Ärger erregten. «Denn man kann sich nur über jemanden ärgern, den man respektiert.»

Doch kein Präsident in der Geschichte der USA hat die Presse verbal derart scharf angegriffen wie Donald Trump. Als «Feinde des amerikanischen Volkes» beschimpfte er etwa die *New York Times*, ABC, CBS, CNN und NBC. Die Medien im Allgemeinen tituliert er immer wieder als «Fake News», was man mit «Lügenpresse» übersetzen könnte.

Wie aggressiv Trumps Anhänger mit seinen «Feinden» umgehen, muss ich bei einem Auftritt des Präsidenten in Kentucky am eigenen Leib erfahren. Je öfter Trump die Medien in seiner Rede wörtlich als «Lügenpresse» beschimpft und dabei mit dem Finger auf den abgesperrten Bereich mit uns Journalisten zeigt, desto hitziger wird die Stimmung in der Halle. Ich beobachte einen jungen Mann. Zunächst wirft er nur wütende Blicke in meine Richtung. Aber aufgehetzt durch Trump fühlt er sich irgendwann ermutigt, mir die Faust entgegenzustrecken. Ich frage mich ernsthaft, ob er auf mich losgehen würde, wenn der Präsident ihn jetzt dazu aufforderte. Als ich in die Menge blicke, entdecke ich viele weitere Fäuste. Ein amerikanischer Kollege erzählt mir, dass ihm jemand aus dem Publikum mit einem Filzstift ein großes Hakenkreuz auf seinen Laptop gemalt habe, als er das Gerät kurz aus den Augen gelassen hatte. Später frage ich einen Trump-Anhänger, wie ihm die Rede seines Präsidenten gefallen hat. Seine

Antwort schockiert mich: «Solche wie dich müsste man erschießen!»

Also muss ich mich als «Feind» fühlen, wenn ich heute das Weiße Haus betrete. Und ich darf mich als Journalist auch nicht mehr so frei in den geschichtsträchtigen Räumen bewegen wie damals als Besucher während Obamas Präsidentschaft. Schon auf der Straße vor dem Weißen Haus muss ich eine erste Schleuse passieren. Ein Agent des Secret Service prüft auf einer Liste, ob ich akkreditiert bin. Dann führt ein eingezäunter Weg zu einem schwer gesicherten Wachhaus, wo ein weiterer Agent des Secret Service hinter Panzerglas nach meinem Reisepass fragt. Als auch er meine Akkreditierung bestätigt sieht, kann ich in der Pressestelle des Weißen Hauses anrufen und mich anmelden. Es vergeht eine Viertelstunde, bis eine junge Frau von der Pressestelle die Tür des Wachhauses öffnet. Nachdem ich, ähnlich wie in einem Flughafen, durch den Sicherheitscheck gekommen bin, eskortiert die Frau mich zum Westflügel des Weißen Hauses und führt mich in den Press Briefing Room, in dem die Pressekonferenzen stattfinden. Der überraschend kleine Saal hatte Franklin D. Roosevelt einst als Schwimmbad gedient. Doch als mit den Jahren immer mehr Journalisten ins Weiße Haus drängten, ließ Richard Nixon den Stöpsel ziehen und funktionierte den Pool zum Briefing Room um.

Neben und unter dem Saal, in dem die Pressekonferenz stattfindet, befinden sich noch einige sehr kleine Zimmer, eigentlich Kammern, in denen die größten amerikanischen Zeitungen, Radio- und Fernsehsender eigene Arbeitsplätze eingerichtet haben. Hier können sie direkt im Anschluss an das Briefing ihre Beiträge produzieren. Alles ist beengt, bis zu acht Leute müssen sich einen solchen Raum teilen und sitzen wie die Hühner auf der Stange. In einer Nische steht eine hochwertige Espressomaschine, die der Oscarpreisträger Tom Hanks den White-House-Korrespondenten geschenkt hat. Darüber hängt ein Brief des Schauspielers. «Kämpft für Wahrheit, Justiz und den amerikanischen Weg. Besonders für den Teil mit der Wahrheit», schreibt Hanks. Von hier sind es theoretisch nur noch einige Schritte bis zum Oval Office, dem Arbeitszimmer des Präsidenten. Doch der Zugang ist völlig abgeriegelt. Die Zeiten, in denen die Journalisten sogar in den zweiten Stock zu den Privaträumen des Präsidenten marschieren und Theodore Roosevelt während seiner Rasur die ersten Fragen stellen konnten, sind unwiederbringlich vorbei.

Heute spielt sich die Arbeit fast ausschließlich im Press Briefing Room ab. Hier geht es sehr geordnet zu. Es gibt sieben Stuhlreihen mit jeweils sieben Plätzen. Unten an den Stühlen sind kleine Schilder mit dem Namen des jeweiligen Mediums angebracht, das Anspruch auf den Sitz hat. Die großen amerikanischen Nachrichtenagenturen Associated Press und Reuters sitzen neben den wichtigsten amerikanischen Fernsehsendern wie CNN und NBC in der ersten Reihe. Das Online-Portal Politico hat seinen Platz in der Mitte. Weiter hinten sitzen die Regionalzeitungen. Ausländische Fernsehsender wie wir haben keinen festen Platz, wir sind sogenannte «Floater», «Schwimmer». Bleibt ein Platz frei, dürfen wir uns setzen. Sind alle Stammplätze belegt, nehmen wir einfach einen Stehplatz am Rand. Die Sitzordnung wird jedes Jahr aufs Neue von der White House Correspondents' Association festgelegt, einer unabhängigen Vereinigung von Journalisten.

In der ersten Reihe sehe ich Jim Acosta, den Chefkorrespondenten von CNN für das Weiße Haus. Er ist der Lieblingsfeind von Präsident Trump. Schon bei seiner ersten offiziellen Pressekonferenz nach seinem Wahlsieg beschwerte sich Trump wegen einer unliebsamen Recherche über CNN. Jim Acosta reagierte darauf mit einem Zwischenruf aus der ersten Reihe. «Wenn Sie uns schon attackieren – erlauben Sie uns eine Frage?» Trump winkte ab. «Ihre Organisation ist schrecklich!», polterte er und nannte CNN «fake news». Trumps Standardbeschimpfung für die sogenannten Mainstreammedien war geboren.

Ein weiterer Schlagabtausch zwischen Trump und Acosta ging in die amerikanische Mediengeschichte ein. Vier Wochen nach seinem Amtsantritt berief Trump höchstpersönlich und ganz spontan eine Pressekonferenz ein. Kurz zuvor hatte sein Nationaler Sicherheitsberater Michael Flynn zurücktreten müssen, weil er dubiose Russland-Kontakte verschwiegen hatte. Der Präsident reagierte auf Acostas Fragen zu seinen eigenen Russland-Verbindungen extrem gereizt. «Wie oft muss ich diese Frage noch beantworten? Russland ist eine List. Ich habe nichts mit Russland zu tun. Ich habe seit Jahren nicht nach Russland telefoniert. Russland ist eine gefälschte Nachricht.» Wenn er den Fernseher anschalte, sehe er Berichte über

Chaos. «Aber es ist das genaue Gegenteil. Diese Regierung funktioniert wie eine gut geölte Maschine!» Zwischendurch rastete Trump regelrecht aus. Er versuchte Acosta und seine Journalistenkollegen herumzukommandieren, wann sie aufzustehen und sich hinzusetzen hatten, und schnitt ihnen immer wieder das Wort ab. Die Presse sei «wirklich außer Kontrolle» und «unehrlich», pöbelte er. Acosta ließ sich jedoch nicht aus der Ruhe bringen und stellte weiterhin die Fragen, die vielen Amerikanern unter den Nägeln brannten.

Bei einer anderen Pressekonferenz sagte Trump nach den rechtsextremen Ausschreitungen mit einem Todesopfer in Charlottesville, es habe «auf beiden Seiten feine Leute» gegeben. Acosta unterbrach ihn. «Nein, Sir, es gibt keine feinen Leute unter Nazis!» Tage zuvor hatte Acosta ihm bei anderer Gelegenheit die Frage zugerufen, warum er keine Pressekonferenz zu den Ereignissen in Charlottesville gebe. «Ich mag richtige Nachrichten, aber keine Fake News», entgegnete der Präsident. «Sie sind Fake News!» Schon wieder. Acosta entgegnete postwendend: «Haben Sie selbst nicht viele Fake News verbreitet?»

Besonders emotional reagierte Acosta, als ein Berater Trumps im Rahmen einer Pressekonferenz über Pläne sprach, die «Dreamer» genannten illegalen Einwanderer abzuschieben, die bereits als Kinder und damit ohne eigenes Zutun in die USA gekommen waren. Acosta ist selbst der Sohn eines kubanischen Flüchtlings. Sein Vater arbeitete vierzig Jahre lang in einem Supermarkt, um seinem Sohn eine bessere Zukunft zu ermöglichen. In dem Supermarkt sah der Vater häufig bekannte Politiker und Journalisten, von denen er dem jungen Jim erzählte.

Heute wird Acosta selbst im Supermarkt erkannt. Eine Familiengeschichte, die den amerikanischen Traum widerspiegelt. Deshalb war Acosta so betroffen, als Trumps Berater über die möglichen Abschiebungen sprach. Auf dem Handy suchte Acosta schnell das Gedicht heraus, das in die amerikanische Freiheitsstatue eingraviert ist. «Gib mir deine Müden, deine Armen ...» zitierte er im Presseraum des Weißen Hauses. Dann schloss er die Frage an, ob der Präsident mit den Traditionen amerikanischer Einwanderungspolitik zu brechen gedenke.

Millionen Fernsehzuschauer lieben Acosta für solche kritischen Fragen und für seine Unerschrockenheit vor einem Präsidenten, der ihn immer wieder persönlich anfeindet. Weil Acosta optisch und stimmlich eine gewisse Ähnlichkeit mit George Clooney aufweist, hat Trump ihn einmal als «Schönling» verspottet. Doch das war Acostas Beliebtheit eher noch förderlich. In Washington kann er kaum einen Meter gehen, ohne dass ihn jemand nach einem Selfie fragt. Die Auseinandersetzungen mit Trump haben ihn landesweit bekannt gemacht. Dabei stellte Acosta auch schon Präsident Obama kritische und unkonventionelle Fragen. «Warum können wir diese Bastarde nicht ausschalten?», wollte er in Bezug auf den sogenannten Islamischen Staat von Obama wissen.

Ich bin überrascht, wie freundlich und zugewandt Acosta reagiert, als ich ihn bitte, ihm einige Fragen stellen zu dürfen. Viele andere amerikanische Starjournalisten geben sich ziemlich unnahbar. Doch Acosta ist sofort bereit für ein Gespräch. «Wie hat sich die Berichterstattung über das Weiße Haus unter Präsident Trump verändert?», möchte ich wissen. «Unter Obama ging es im Vergleich viel normaler und vor allem langsamer zu. Es war fast ein wenig langweilig», sagt Acosta. «Jetzt erleben wir eine verrückte Zeit. Vor Trump war es undenkbar, dass uns ein Präsident so massiv angreift, uns als ‹Feind des amerikanischen Volkes› bezeichnet oder als ‹Fake News›.»

«Gehen Ihnen diese Angriffe persönlich nahe?»

«Eigentlich nicht. Ermüdend und anstrengend ist vor allem das Tempo. Mit seinen Tweets kann Trump nahezu immer und überall eine Breaking-News-Situation auslösen. Ein Beispiel: Kürzlich teilte er Videos einer britischen rechtsextremen Islam-Feindin, die Verbrechen von Muslimen zeigen sollten. Schon die Tatsache, dass er diese Videos teilte, war eine Nachricht. Aber natürlich mussten wir auch erst einmal so schnell wie möglich herausfinden, ob diese Videos überhaupt echt sind. Und wenn Trump unter Druck gerät, lautet seine Devise fast immer ‹Angriff ist die beste Verteidigung›. Konkret versucht er dann meistens, die Glaubwürdigkeit von uns Journalisten in Zweifel zu ziehen.»

Haben Sie das Gefühl, dass er mit dieser Strategie Erfolg hat? Acosta braucht nicht viel Zeit zum Überlegen. «Nein, gucken Sie sich doch seine Zustimmungswerte an. Die fallen immer weiter.»

Allerdings zeigen Studien, dass die Spaltung des Landes auch an der Wahrnehmung von CNN deutlich wird.

Bei einer Umfrage unter Wählern der Republikaner gaben 89 Prozent an, Trump mehr zu vertrauen als CNN. Dagegen sagten 91 Prozent der Wähler der Demokraten, dass sie CNN umgekehrt mehr vertrauen würden als dem Präsidenten.

Die Polarisierung des Landes wird an den Fernsehgewohnheiten der Amerikaner deutlich. Fast jeder geht nur noch in seine Echokammer, um sich in seinen politischen Meinungen bestätigt zu fühlen. Eher liberale Amerikaner schalten CNN oder MSNBC ein, eher konservative neigen zu Fox News. Und die politische Berichterstattung funktioniert immer mehr nach der Logik der Unterhaltungsindustrie: Personen sind wichtiger als Parteiprogramme, Konflikt ist spannender als Konsens, Kommentar verkauft sich besser als Analyse.

Hier zeigt sich ein großer Unterschied zur deutschen Medienlandschaft. In Amerika ist der Rundfunk fast ausschließlich werbefinanziert. Die Sender leben von Werbeeinnahmen, die von Quoten abhängen. Und die steigen nachweislich, je meinungsfreudiger das Programm ist. CNN steuerte im Jahr 2017 einer Rekordquote entgegen. Ein duales Rundfunksystem wie in Deutschland gibt es in Amerika nicht. Nur das mit Steuern und Spenden finanzierte National Public Radio (NPR) und die nicht kommerzielle Senderkette Public Broadcasting Service (PBS) stehen für unabhängiges Programm. Beide führen allerdings nur ein Nischendasein. In Anbetracht vieler zu «Krawallkanälen» verkommener US-«Nachrichten»-Sender erscheint mir der Wert des öffentlich-rechtlichen

Rundfunks in Deutschland umso höher. Trotz mancher berechtigter Kritik schätzt unser Publikum grundsätzlich unsere Unabhängigkeit und vertraut unserer Berichterstattung. Daran ändert auch manches «Lügenpresse»-Geschrei nichts. Laut einer Umfrage von infratest dimap zur Glaubwürdigkeit der Medien in Deutschland halten 71 Prozent der Befragten das öffentlich-rechtliche Fernsehen für glaubwürdig. In den USA dagegen vertrauen je nach Umfrage nur noch etwa 30 Prozent der Amerikaner der politischen Berichterstattung konventioneller Medien.

Sieht Jim Acosta die Pressefreiheit in den USA in Gefahr? Nun überlegt der Schnellsprecher doch eine Weile, um dann mit einem klaren «Ja» zu antworten. Und damit meine er nicht nur die direkten Angriffe auf Journalisten und ihre Glaubwürdigkeit. Trump habe sich zum Beispiel auch gegen die Übernahme des Konzerns Time Warner durch AT&T ausgesprochen. CNN gehört zu Time Warner. Jim Acosta sieht die Möglichkeit, dass Trump auf diese Weise versuchte, indirekten Druck auszuüben.

Darüber hinaus gibt es eine ganze Reihe von Konventionen, mit denen Trumps Presseteam gebrochen hat.

Viele Jahre lang hatte im Presseraum des Weißen Hauses stets der Korrespondent der Nachrichtenagentur Associated Press das ungeschriebene Recht, die erste Frage stellen zu dürfen. Nun ruft die Pressesprecherin für die erste Frage mit Vorliebe Medien wie Fox News oder das rechtsgerichtete Onlineportal Breitbart News auf, die ihrem Präsidenten eher wohlwollend gegenüberstehen. Wegen solcher offensichtlicher Bevorzugungen kam es schon zum Eklat, als zu einem Hintergrundgespräch nur Breitbart News und die Trump ebenfalls treu ergebene *Washington Times* eingeladen wurden. Den Journalisten von CNN, *Politico* und *New York Times* war die Tür demonstrativ vor der Nase zugeschlagen worden.

Und das war erst der Anfang. Besonders bestürzt reagierten die etablierten Korrespondenten, als Trumps Team einer ganzen Reihe von sogenannten Trollen offizielle Presseakkreditierungen für das Weiße Hause gewährte. Ein Troll ist laut Definition des Dudens jemand, der fortgesetzt beleidigende und diskriminierende Kommentare ins Internet stellt. Den bekanntesten von Trumps Trollen lerne ich kennen, während wir gemeinsam auf den Beginn des Briefings warten. Lucian Wintrich fällt mir zunächst durch sein freundliches Auftreten auf. Er fragt mich mit offenbar ehrlichem Interesse, was in Deutschland gerade politisch los sei. Seine strahlend blauen Augen werden von einer großen schwarzen Brille hervorgehoben. Wintrich trägt ein eng sitzendes graues Sakko und kommt insgesamt so akkurat daher wie der frischgebackene Absolvent einer Elite-Uni. Tatsächlich hat er das renommierte Bard College in New York besucht, in den 1940er Jahren ein Zufluchtsort für Emigranten aus Europa wie Hannah Arendt. Wintrich ist 28 Jahre alt und bezeichnet sich selbst gerne als «jüngsten, schwulsten Korrespondenten in der Geschichte des Weißen Hauses». Eigentlich könnte er noch das Attribut «rechtesten» hinzufügen. Denn er schreibt für das Internetportal «Gateway Pundit». Eine journalistische Ausbildung hat er nicht.

Aber das ist auch nicht nötig, um im Netz bösartige Gerüchte zu streuen. Das Medium, für das er schreibt, war etwa während des Präsidentschaftswahlkampfes mit Überschriften wie «Zahnexperte: Hillary Clinton leidet unter ernsthafter Zahnfleischinfektion und Immunkrankheit» aufgefallen. So sollten Zweifel an der körperlichen Eignung Clintons für das Präsidentenamt im Netz verbreitet werden. «Lucian, was ist deine Mission als neuer Korrespondent im Weißen Haus?», frage ich neutral, während die TV-Teams um uns herum noch in Ruhe ihre Kameras aufbauen.

«Ich möchte der Verbreitung der rein linken Sichtweisen etwas entgegenhalten. Die Linken haben die amerikanische Kultur infiltriert. Ich bin hier, um etwas dagegen zu unternehmen», sagt Wintrich mit großem Ernst.

Wie er so rechts geworden sei? «An meinem College wurde uns gesagt, was wir zu denken und zu sagen hatten, alles nur in einem linken Meinungsspektrum. Das fand ich antiintellektuell und frustrierend.»

Seine geistige Heimat fand er, als er während der Ernennung von Donald Trump zum Präsidentschaftskandidaten am Rande des Republikanischen Parteitags eine Party der Gruppe «Homosexuelle für Trump» besuchte. Dort lernte er Jim Hoft kennen, den Gründer von Gateway Pundit. Hoft wiederum hat einen heißen Draht zu Stephen Bannon, dem damaligen Chefstrategen von Präsident Trump. Bannon führte jahrelang Breitbart News, die er als «Plattform für die Alternative Rechte» bezeichnete. Gegenüber dem Magazin *The New Yorker* erklärte Jim Hoft, «Trumps Leute» selbst hätten ihn ermutigt, sich beim Weißen Haus um die Akkreditierung eines Schreibers seiner Wahl zu bemühen. So wurde Lucian Wintrich «Korrespondent» im Weißen Haus.

Trolle wie er haben für Trump nicht nur den Vorteil, dass sie seine Sicht der Dinge im Internet verbreiten und oft mit Verschwörungstheorien und erfundenen Geschichten Stimmung gegen die Gegner des Präsidenten machen. Auch während der Pressekonferenzen selbst leisten sie tatkräftige Unterstützung – mit harmlosen Fragen. Je mehr Fragen Trumps Pressesprecher die Trolle stellen lässt, desto weniger Zeit des in der Regel rund eine Stunde dauernden Briefings bleibt für die «echten» Journalisten. Diese Strategie führt dazu, dass den konventionellen Medienvertretern regelmäßig der Kragen platzt. Sogar Jon Decker, Radio-Korrespondent des Trump eher wohlgesinnten Senders Fox News und Vorstandsmitglied der White House Correspondents' Association, war die Akkretidierung von Gateway Pundit zu viel. Aufsehenerregend konfrontierte er Lucian Wintrich vor den versammelten Kollegen im Saal mit dem Vorwurf, sein Onlinemedium hasse Schwarze, Juden und hispanische Amerikaner. Wintrich behauptete daraufhin in seinem Blog, Decker habe ihn durch den Raum verfolgt und tätlich angegriffen. Doch kein Augenzeuge im Raum bestätigte die Behauptung. Vielmehr gratulierten verschiedene Journalisten Jon Decker zu seiner Aktion. Als ich Lucian Wintrich auf seine Sonderrolle im Briefing Room anspreche, tut er so, als könne er die ganze Aufregung gar nicht verstehen. «Ich bringe doch nur etwas Vielfalt in den Raum», sagt er und grinst maliziös.

Plötzlich herrscht Ruhe. Die blaue Schiebetür öffnet sich, und Sarah Huckabee Sanders betritt den Raum, die Pressesprecherin des Präsidenten. Nachdem sie eine kurze Erklärung verlesen hat, reißen sämtliche Reporter im Raum ihre Hände in die Höhe, um sich für eine Frage zu melden. Auch Huckabee Sanders ruft zunächst einige Trump freundlich gesinnte Medienvertreter auf. Doch dann fliegen Fragen scharf wie Messer in ihre Richtung. Das heiße Thema: Präsident Trump hatte FBI-Direktor James Comey gefeuert, und das Weiße Haus sowie der Präsident selbst hatten dafür in wenigen Tagen mehrere widersprüchliche Erklärungen geliefert. Kurz nachdem die Entlassung bekannt geworden war, hatte sich der damalige Chefsprecher Sean Spicer, offenbar nicht ganz auf dem Laufenden, sich im Vorgarten des Weißen Hauses hinter Büschen vor den Kameras versteckt. Doch einige Journalisten entdeckten ihn und stellten ihn zur Rede. Allerdings forderte Spicer sie auf, die Kameras auszuschalten. Er werde nur «off the record» einige Hintergrundinformationen preisgeben. Es war bereits Abend, und Spicer agierte buchstäblich im Dunkeln.

«Demokratie stirbt in der Dunkelheit» druckte die *Washington Post* am nächsten Tag oben auf ihre Titelseite. Ebenjene *Washington Post*, die den Watergate-Skandal von Richard Nixon enthüllt hatte. Die Zeitung hatte diesen Satz schon einige Wochen vorher zu ihrem neuen Leitspruch gemacht und seitdem täglich an derselben Stelle abgedruckt. Aber nie passte er so wortwörtlich wie an diesem Tag. Offenbar sehnen sich viele Amerikaner nach

Aufklärung und Einordnung. Die Auflage der *Washington Post* steigt seit der Wahl Präsident Trumps rasant.

Der reagierte erzürnt auf die Schwierigkeiten seines Presseteams, ihn in der FBI-Affäre aus der Schusslinie zu nehmen. Sean Spicer wurde wenig später gefeuert, und Trump drohte mit der Abschaffung der Pressekonferenzen. Ein bemerkenswerter Vorgang. Er sei ein «sehr aktiver Präsident», und für seine Sprecher sei es «nicht möglich», mit «perfekter Präzision auf dem Podium zu stehen», erklärte Trump. «Vielleicht wäre es am besten, alle zukünftigen Presse-Briefings abzuschaffen und der Präzision zuliebe schriftliche Antworten zu verteilen???», schrieb der Präsident. Natürlich auf Twitter.

Der Kurznachrichtendienst ist ein weiteres wichtiges Werkzeug, mit dem Trump den Stil der präsidialen politischen Kommunikation revolutioniert hat. Bereits Obama nutzte das Programm, aber nicht annähernd so exzessiv wie Trump. Rund 30 Millionen Menschen folgen Trump auf Twitter, für ihn die perfekte Möglichkeit, seine Botschaften direkt an seine Unterstützer zu senden, ohne dass sie von Journalisten gefiltert und eingeordnet werden. Oft twittert der Präsident bereits am frühen Morgen und versetzt uns Journalisten damit nicht selten in Alarmbereitschaft. Teilweise lässt er ganze Salven von Ankündigungen oder Kommentaren los, sodass es manchmal schwerfällt, Wichtiges von Unwichtigem zu trennen. Während Präsident Obama oft in einer Woche nur für eine einzige große Nachricht sorgte, produziert Trump regelmäßig gleich mehrere «Breaking News» an einem Tag. Manchmal stellt sich heraus, dass nicht einmal seine engsten Mitarbeiter oder Kabinettsmitglieder von der neuesten Aktion des Oberbefehlshabers wissen, bevor er sie eindampft und zugespitzt auf maximal 280 Zeichen, mit der Welt teilt. Damit treibt der Präsident nicht selten die Medien vor sich her. Gefällt ihm eine Schlagzeile nicht, bedarf es zur Ablenkung nur eines Tweets, um eine neue Headline zu produzieren. Wie viel Strategie dahintersteckt und wie viel vulkanisches Temperament, weiß wohl nur Trump selbst.

Aber haben wir Medien vielleicht auch ein bisschen zu Trumps Aufstieg vom belächelten Trash-TV-Promi zum Präsidenten beigetragen, indem wir ihm die größtmögliche Bühne bereitstellten? Viele amerikanische Fernsehsender griffen während des Wahlkampfes dankbar jede seiner Provokationen oder Verunglimpfung seiner Konkurrenten auf, weil die Berichte darüber gute Einschaltquoten brachten. Der Boss des Senders CBS zum Beispiel, Leslie Moons, nannte Trumps Wahlkampf zwar einen «Zirkus», in dem lauter «Bomben geworfen» werden, aber er wünschte sich keinesfalls, dass Trump seinen Stil änderte. «Es mag nicht gut für Amerika sein, aber es ist verdammt gut für CBS», so die zynische Bilanz von Leslie Moons.

Solche Aussagen dürften zur Glaubwürdigkeitskrise des US-Journalismus beigetragen haben – ebenso wie der Präsident, indem er seine «Lügenpresse»-Attacken gebetsmühlenartig wiederholte. Damit umzugehen fällt schwer, denn der Präsident hat vom ersten Tag seiner Präsidentschaft an selbst Fakten nicht mehr als solche anerkannt. So behauptete Trump, bei seiner Amtseinführung in

Washington seien 1,5 Millionen Menschen gewesen. Sein damaliger Pressesprecher sprach sogar vom «größten Publikum aller Zeiten». Dabei zeigten Fotos des National Park Service eindeutig, dass an Obamas Amtseinführung deutlich mehr Menschen teilgenommen hatten. Auch das Publikum vor den Fernsehern war größer gewesen als bei Trump. Mit den konkreten Zahlen konfrontiert, entgegnete Trumps Beraterin Kellyanne Conway, man habe eben «alternative Fakten». Eine neue Dimension im Kampf des Weißen Hauses gegen die Medien.

Als ich ein anderes Mal an der Sicherheitsschleuse des Weißen Hauses auf die Mitarbeiterin wartete, die mich zum Briefing Room eskortieren würde, las ich auf dem Handy einen Artikel mit einem bemerkenswerten Kommentar des Senators John McCain, wie Trump ein Republikaner. McCain hatte 2008 selbst für das Präsidentenamt kandidiert und den Medien nach seiner Niederlage gegen Obama vorgeworfen, ihn unfair behandelt zu haben. Doch die maßlosen Attacken Trumps auf die Medien verurteilte McCain: «So fangen Diktaturen an. Sie beginnen mit der Unterdrückung einer freien Presse. Wenn Sie sich die Geschichte anschauen, haben die Diktatoren immer zuerst die Presse ausgeschaltet», so McCain. «Ich sage nicht, dass Präsident Trump versucht, ein Diktator zu sein. Ich sage nur, dass wir die Lektionen der Geschichte lernen müssen.» Kurz nachdem ich diese Zeilen gelesen hatte, öffnete sich vor mir das Tor zum Weißen Haus. Doch der Zauber, den ich damals bei meinem ersten Besuch empfunden hatte, war inzwischen endgültig verflogen.

Ein Psychiater für den Präsidenten?

Trump und sein verrücktes Vorbild

Rückblick: 20. Januar 2017. Ich habe ein Gefühl, als liege etwas Unheilvolles in der Luft. Die Atmosphäre in Washington ist gespenstisch. Es ist der Tag der Amtseinführung von Präsident Donald Trump. Meine Aufgabe ist es, mit Liveschalten über die Massenproteste gegen Trump zu berichten. Rund 100 000 Demonstranten sind in Washington unterwegs. Die Sicherheitsbehörden haben im Vorfeld erklärt, dass sie sich auf Ausschreitungen einstellen. Rund 13 000 Polizisten und Nationalgardisten sind im Einsatz. Die Zufahrtsstraßen zur Paraderoute sind mit Betonblöcken und Bussen abgeriegelt worden. Washington gleicht einer Festung. Es herrscht keine Aufbruchsstimmung wie nach dem Wahlsieg Barack Obamas. Hier in der Hauptstadt haben nur rund vier Prozent der Menschen Trump ihre Stimme gegeben.

Den Beginn des Tages erlebe ich noch als friedlich. Gleich um die Ecke des Trump Hotels in der Nähe des Weißen Hauses nähert sich gerade eine riesige Fraktion der Schwulen- und Lesbenvereinigung. Viele junge Leute sind dabei, manche haben sich Fahnen in den Regenbogenfarben umgehängt. Eine von 63 verschiedenen Gruppen, die heute Demonstrationen angemeldet haben; die Bandbreite reicht von Umweltaktivisten und Gewerkschaften bis hin zur «Black Lives Matter»-Bewegung, die sich gegen Gewalt gegen Afroamerikaner einsetzt.

Es sind aber auch viele privat organisierte Demonstranten dabei. Einer hält ein Plakat in die Höhe, auf dem Trump als Marionette Putins zu sehen ist. Eine Familie mit zwei Kindern im Teenageralter ist eigens aus South Carolina angereist. «Es ist der schlimmste Tag in der Geschichte Amerikas. Schlimmer als 9/11, schlimmer als der Beginn des Bürgerkrieges. Es kann das Ende unserer Republik sein», sagt der Familienvater in unser Mikrophon.

Nur 160 000 Unterstützer Trumps sind laut *New York Times* auf die National Mall gekommen, um seine Rede zur Amtseinführung aus der Nähe mitzuerleben. Trumps Sprecher wird später behaupten, es sei das größte Publikum aller Zeiten gewesen. Doch zu Obamas Inauguration waren laut *New York Times* 1,8 Millionen gekommen. In seiner Rede vor dem Kapitol zeichnet Trump das düstere Bild eines Amerikas im totalen Verfall. Verantwortlich dafür seien seine Vorgänger. Er selbst werde die Macht nun dem Volk zurückgeben. Zu alter Großartigkeit zurückfinden könne das Land nur mit seiner «neuen Vision»: «America first» – «Amerika zuerst».

Der frisch vereidigte 45. Präsident der Vereinigten Staaten kehrt damit gleich zu Beginn zur populistischen und nationalistischen Rhetorik seines Wahlkampfes zurück und macht klar, dass mit ihm das Zeitalter der offenen Gesellschaft Amerika vorbei sein soll. In Zukunft solle die Nation sich abschotten – gegen Waren aus dem Ausland, die amerikanische Jobs vernichtet hätten. Gegen internationale Krisen, die amerikanische Leben und amerikanisches Geld kosteten. Gegen unerwünschte Einwanderer.

Kurz nachdem der Präsident seine Rede beendet hat, hören wir von schweren Ausschreitungen, die einige Blocks von uns entfernt im Gange sein sollen. Sofort machen wir uns auf den Weg. Wir laufen an Banken, Restaurants und Autos vorbei, deren Scheiben eingeschlagen wurden. Plötzlich geht es nicht weiter. Wir sehen uns einer Menschenkette von Polizisten mit Helmen, Schutzschildern und Schlagstöcken gegenüber, die eine Straße absperren. Ein Hubschrauber kreist in dem grauen Himmel über uns. Wir laufen einen Umweg, um zum Ort des Geschehens zu gelangen. Dort angekommen, sehen wir ganz in Schwarz gekleidete, vermummte Demonstranten Steine auf die Sicherheitskräfte werfen. Die Polizisten setzen Tränengas ein und ziehen sich zurück. Die Demonstranten zünden Mülltonnen an. Kurz vor meiner Liveschalte mit den *Tagesthemen* stehe ich plötzlich mitten im Rauch, gerade noch rechtzeitig dreht der Wind. Sechs Polizisten werden an diesem denkwürdigen Tag verletzt, 230 Demonstranten festgenommen.

Als Korrespondent ist man darauf trainiert, sich auch in Ausnahmesituationen nicht aus der Ruhe bringen zu lassen, die Fakten zu beschreiben und so gut wie möglich einzuordnen. Man funktioniert. Doch als die letzte Liveschalte vorbei ist und ich abends im Bett den Tag Revue passieren lasse, spüre ich eine tiefe innere Unruhe. Schlagartig wird mir bewusst, dass dieser Tag keine «ganz normale Ausnahmesituation» war. Der Beginn der Präsidentschaft Donald Trumps kommt einem politischen Erdbeben gleich, und es erschüttert das Amerika, wie wir es kannten. Mit welcher Epoche in der amerikanischen Geschichte wird man Trumps Amtszeit wohl irgendwann vergleichen? An welchen historischen Vorbildern orientiert er sich?

Aufschluss verspricht ein Blick in Trumps Büro. Denn wie ein amerikanischer Präsident sein Arbeitszimmer im Weißen Haus einrichtet, verrät viel über seine Persönlichkeit, seine politische Philosophie, seine Vorbilder. Im Oval Office, dem berühmtesten Büro der Welt, hat jeder noch so kleine Gegenstand großen symbolischen Wert. Hier trifft der Präsident unter den Augen der internationalen Presse Entscheidungen, die oft Auswirkungen auf die ganze Welt haben. Barack Obama ließ sich besonders gerne neben einer Büste und vor einem Ölgemälde Abraham Lincolns fotografieren. Jeder sollte sehen, wie sehr er Lincoln für seine historische Leistung bewunderte, den Bürgerkrieg gewonnen und die Sklaverei abgeschafft zu haben.

Auch Donald Trump verrät durch seine persönliche Einrichtung des Oval Office, welcher seiner Vorgänger sein großes Vorbild ist. Er ließ einen Brief von Richard Nixon aufhängen – ausgerechnet von jenem einzigen Präsidenten in der Geschichte der USA, der zurückgetreten ist.

Dieser Brief stammt aus dem Jahr 1987 und ist an Trump selbst gerichtet. «Lieber Donald», heißt es da, «ich habe die Sendung nicht gesehen, aber Mrs. Nixon sagte mir, dass Sie großartig waren. Wie Sie sich vorstellen können, ist sie eine Expertin für Politik, und sie sagt voraus, dass Sie, wann auch immer Sie für ein Amt kandidieren werden, ein Gewinner sein werden!»

Rund drei Jahrzehnte später trat Nixons Prophezeiung tatsächlich ein. Und Donald Trump ließ schon in seinem Wahlkampf erkennen, dass er Nixon zu seinem Spiritus Rector auserkoren hatte. Einige Formulierungen aus Nixons Wahlkampfreden übernahm Trump wörtlich, etwa die der «schweigenden Mehrheit», mit der er erfolgreich seinen Schulterschluss mit der unteren Mittelschicht ausdrückte. Ebenso die Versprechen, in Amerika wieder «Recht und Ordnung» einkehren zu lassen und «dem amerikanischen Volk die Macht zurückzugeben»; sie waren eindeutig von Nixons Kampagnen inspiriert. Auch das von Nixon ursprünglich propagierte Konzept des Isolationismus in der internationalen Politik schien Trump im Wahlkampf eins zu eins übernommen zu haben: «Ziemlich viele Amerikaner sind es leid, dass Amerika eine weltpolitische Rolle spielt. (...) Angesichts der enormen Probleme im Inland (...) sagen viele Amerikaner: Schaut euch an, was wir seit dem Zweiten Weltkrieg alles geleistet haben. Konzentrieren wir uns auf unsere Probleme zu Hause, bauen wir ein starkes Amerika, kümmern wir uns nicht um den Rest der Welt.» Diese Sätze Nixons hätten auch aus dem Munde Trumps stammen können. Und seine Wahlkampfmanager destillierten daraus einen Slogan, der nur aus zwei Worten bestand: «America First!»

Sogar bei Nixons Personal bediente Trump sich. In seinen engsten Beraterkreis nahm er mit Roger Stone einen alten Vertrauten von Nixon auf, obwohl dieser in manchen Skandal seines Chefs verstrickt gewesen war. Und als sich Trump kurz nach seiner Wahl mit Nixons früherem nationalen Sicherheitsberater und Außenminister Henry Kissinger in seinem New Yorker Trump Tower traf, ersuchte er ihn laut eigenem Bekunden nicht etwa um Rat in geopolitischen Fragen wie etwa zu China. «Ich liebte es, mit ihm über Nixon zu sprechen! Kissinger hatte wundervolle Geschichten über Nixon», so Trump.

Aber woher rührt die Begeisterung des vom Erfolgsgedanken getriebenen Trump für einen Präsidenten, der den Amerikanern weniger wegen seiner Erfolge, sondern vielmehr wegen seiner Eskalation des Vietnamkrieges, wegen des Watergate-Skandals und wegen seines historischen Rücktritts im Gedächtnis geblieben ist? Sicherlich dürfte der erwähnte Brief Nixons der Eitelkeit Trumps erheblich geschmeichelt haben. Vertieft wurde Trumps Bewunderung für Nixon laut Zeitzeugen im Rahmen eines gemeinsamen Partywochenendes in Texas 1989. Aus Anlass der Geburtstage des damaligen Gouverneurs John Connally und seiner Frau Nellie verbrachten der 14 Jahre zuvor zurückgetretene Präsident und der junge Immobilienmilliardär viel Zeit miteinander. Sie besuchten gemeinsam die Galaveranstaltung des Gouverneurs und ein informelles Dinner in einem italienischen Edelrestaurant.

«Der Champagner floss wie Ginger-Ale», erinnert sich ein Gast laut Recherchen der *New York Times.* Am Tag darauf folgte ein Brunch in einem Landhaus, es wurde Beef Wellington serviert. Am Ende des Wochenendes hatten die beiden Stargäste bereits eine so enge Freundschaft geschlossen, dass Trump Nixon in seinem Privatjet mit nach New York nahm.

Auf den ersten Blick hatten die beiden wenig gemeinsam, was ihre Herkunft betrifft. Während Nixon in ärmlichen Verhältnissen im ländlichen Kalifornien aufwuchs und seine Kindheit von Krankheit und dem Tod zweier Geschwister geprägt wurde, stammt Trump aus einer reichen New Yorker Familie ohne Alltagssorgen. Allerdings wurde Donald bereits mit 13 Jahren von seinem Vater auf eine Militärakademie geschickt. Der strenge, fordernde Vater, der seinem Sohn jede Wärme vorenthält, ist eine wichtige Parallele zwischen Trump und Nixon. Nixons Biograph John A. Farrell sieht darin einen möglichen Schlüssel zu ihren Persönlichkeiten. «Beide sind bekannt für ihre selbstbezogenen, narzisstischen Persönlichkeiten – und diese resultieren vielleicht aus der emotionalen Kargheit ihrer Kindheit. Trump weist Unsicherheit auf, hegt Allmachtphantasien und zeigt sich gereizt, wenn er kritisiert wird. All das galt auch für Nixon.» Die Mütter der beiden Männer hingegen galten als vernarrt in ihre Söhne. Diese Kombination bringt Rick Perlstein in seinem Buch «Nixonland» auf eine einfache, aber vielleicht zutreffende Formel: «Das Rezept für einen vom Erfolgsgedanken getriebenen Politiker beinhaltet eine liebende Mutter, die ihren Sohn davon überzeugt, dass er alles erreichen kann, und einen distanzierten Vater, der seinen Sohn davon überzeugt, dass er niemals genug erreichen kann.»

Schon in den ersten Wochen nach seinem Amtsantritt unternahm Trump einiges, um seinem großen Vorbild nachzueifern: Der Präsident log nachweislich, attackierte die Presse, ignorierte seine eigene Partei und behandelte den Kongress mit Verachtung. «Es ist so, als würde man sechs Jahre Nixon in drei Wochen packen», resümierte die Politikwissenschaftlerin Nicole Hemmer von der Universität Virginia auf Twitter.

«Das Echo von Watergate» hörte bereits John Dean, der frühere Rechtsberater von Präsident Nixon. Und Dean musste es wissen. Denn er war eine Schlüsselfigur im Watergate-Skandal, wanderte deshalb sogar ins Gefängnis. Den Vergleich zu Watergate zog er angesichts der Medienberichte über Versuche von Trumps Team im Weißen Haus, Geheimdienstmitglieder dazu zu bewegen, etwaige Kontakte zu Russland herunterzuspielen. Schon Nixon habe versucht, die CIA zu benutzen, um Ermittlungen des FBI zu Watergate zu behindern, sagte Dean im Interview mit der *Washington Post*. Aus der Sicht der Journalistenlegende Carl Bernstein, der gemeinsam mit seinem Kollegen Bob Woodward den Watergate-Skandal enthüllte, hat Trump sein Vorbild Nixon bereits übertroffen. «Was das Lügen betrifft, war Richard Nixon nichts im Vergleich zu dem, was wir bei Donald Trump gesehen haben», urteilte Bernstein.

Schon früh las man deshalb in amerikanischen Zeitungen das Wort «Russiagate», in Anlehnung an «Watergate», auch ohne dass schon klar war, ob und in welcher Weise Trump mit Russland verwoben ist. Denn fest steht, dass russische Hacker einen Angriff auf die Wahlkampfzentrale der Demokratischen Partei gestartet und vertrauliche Informationen veröffentlicht haben, die Trumps Rivalin Hillary Clinton schadeten. Russland hat damit zumindest indirekt zugunsten Donald Trumps Einfluss auf den Ausgang der US-Präsidentschaftswahl 2016 genommen.

Auch hierfür findet sich eine Parallele zu Nixons Wahlerfolg. In seinem Fall war es nicht Russland, sondern Südvietnam, das dem damaligen republikanischen Kandidaten unter die Arme griff. Während des Präsidentschaftswahlkampfes 1968 bemühte sich der amtierende US-Präsident Lyndon B. Johnson um Friedensgespräche im Vietnamkonflikt. Wäre es ihm gelungen, den Krieg zu beenden, hätte dies die Siegchancen seines Vizepräsidenten Hubert Humphrey deutlich erhöht. Humphrey war für die Demokraten gegen Nixon angetreten.

Heute weiß man, dass Nixon sein Team anwies, die Friedensgespräche von Humphrey und Johnson zu hintertreiben. Eine mit Nixons Wahlkampfteam verbundene Dame namens Anna Chennault traf sich mehrfach höchst heimlich mit dem südvietnamesischen Botschafter, um ihn davon zu überzeugen, Johnsons Bitten abzulehnen, an den Verhandlungstisch nach Paris zu kommen. Anna Chennault versprach den Südvietnamesen, Nixon würde einen besseren Deal für Südvietnam aushandeln, wenn er Präsident würde. Die Intrige funktionierte. Die Friedensverhandlungen scheiterten, Nixon gewann die Wahl gegen Humphrey.

«Der russische Hacking-Skandal hat das Potenzial, die Chennault-Affäre unserer Zeit zu werden. In beiden Fällen traf eine fremde Macht eine Entscheidung, die den Ausgang einer Präsidentschaftswahl nicht zwangsläufig entscheiden, aber auf jeden Fall beeinflusst hat», stellt Tim Naftali fest, der als erster Direktor die Präsidentenbibliothek von Nixon leitete und heute Geschichte an der Universität New York lehrt.

Dass Nixon die Verlängerung des Vietnamkrieges mit Abertausenden Toten auf allen Seiten in Kauf nahm, um seine Siegchancen zu erhöhen, ist an Menschenverachtung und Machtbesessenheit kaum zu übertreffen. Als Präsident Johnson nach der Wahl Hinweise auf Nixons Intrige erhielt, die einem Landesverrat gleichkam, entschied er sich, nicht damit an die Öffentlichkeit zu gehen. Der Vertrauensverlust der Bevölkerung in die amerikanische Demokratie wäre zu groß, sagte er einem Vertrauten. Nur in einem Vieraugengespräch konfrontierte er Nixon mit dem Vorwurf. «Mein Gott, so etwas würde ich niemals tun!», entgegnete dieser im Brustton der Überzeugung.

Doch damit nicht genug. Als er Präsident war, streute Nixon Berichte, Johnson habe sein Wahlkampfflugzeug abhören lassen. Nixon wusste zwar, dass dies nicht der Wahrheit entsprach. «Aber zu sagen, dass dein Vorgänger dich ausspioniert hat, ist eine verlockende Geschichte, besonders wenn du selbst etwas zu verstecken hast», so der Historiker Tim Naftali. Ob Donald Trump sich an diese

Geschichte erinnert hatte, als er seinen Vorgänger Barack Obama beschuldigte, ihn abgehört zu haben? Trump nannte Obama in diesem Zusammenhang sogar einen «bösen (oder kranken) Kerl», blieb aber bis heute Beweise für seinen schweren Vorwurf schuldig. Sogar der FBI-Chef sagte in einer öffentlichen Anhörung vor dem Kongress aus, er habe «keinerlei Informationen», die Trumps Anschuldigung belegen würden.

Viele Verdachtsmomente, die gegen Nixon jahrzehntelang im Raum standen, konnten erst in der jüngsten Vergangenheit bewiesen werden. Die Details von Nixons Sabotage der Friedensverhandlungen im Vietnamkrieg zum Beispiel wurden erst kürzlich durch die mühevolle Auswertung von bisher unzugänglichen Tonbändern und Akten aus dem Weißen Haus von John A. Farrell, Ken Hughes oder Tim Weiner recherchiert. Umso spannender ist die Frage, wie lange es dauern wird, bis die Wahrheit über Donald Trump ans Licht kommt – und ob er das Weiße Haus auf dieselbe Weise verlassen wird wie sein großes Vorbild Nixon.

Ebenso wird erst die Geschichte zeigen, ob Trump auch Nixons «Theorie des verrückten Mannes» übernommen hat. Nixon hatte nämlich von Beratern das Gerücht streuen lassen, er sei verrückt geworden. Die Gegner im Vietnamkrieg sollten glauben, der US-Präsident sei mittlerweile unzurechnungsfähig und jederzeit in der Lage, eine Atombombe zu zünden. Indem er Angst vor einer atomaren Eskalation schürte, wollte Nixon die Gegenseite zu einem Kriegsende zu seinen Bedingungen bewegen. Die

Taktik ging zwar nicht auf, aber einige politische Beobachter glauben, dass Trump die «Mad Man Theory» teilweise zu adaptieren versucht.

Auch er setzt auf Unberechenbarkeit wie beim völlig überraschenden Abwurf der «Mutter alle Bomben» auf Afghanistan. Nachdem er im Wahlkampf und in seiner ersten Rede als Präsident vor dem Kongress noch verkündet hatte, dass die Zeiten Amerikas als «Weltpolizist» passé seien, überraschte er die Welt mit seiner Reaktion auf einen syrischen Chemiewaffenangriff, bei dem viele Kinder umgekommen waren. Trump ordnete einen US-Luftangriff auf das Flugfeld des syrischen Militärs an, von dem der Chemiewaffenangriff mutmaßlich geflogen worden war. Niemand hatte mit Trumps Militärschlag gerechnet. Kurz darauf schickte der Präsident einen US-Flottenverband inklusive Flugzeugträger in den Westpazifik. Eine Drohgebärde gegenüber der Atommacht Nordkorea, das die USA mit Raketentests herausgefordert hatte. Auch mit diesem Schritt überraschte Trump Freund und Feind und vermittelte den Anschein, zu allem fähig zu sein. In einer Rede vor den Vereinten Nationen drohte Trump Nordkorea mit «völliger Zerstörung».

Doch inzwischen hält eine nennenswerte Zahl von Experten Trumps Gebaren nicht mehr für Taktik, sondern für ein krankhaftes Verhalten. «Wir, die unterzeichnenden Psychologen und Psychiater, glauben gemäß unseres professionellen Urteilsvermögens, dass Donald Trump eine ernsthafte geistige Krankheit aufweist, die ihn psychologisch daran hindert, kompetent seine Pflichten als

Präsident der Vereinigten Staaten auszuführen. Und respektvoll fordern wir, ihn aus dem Amt zu entfernen. Denn Artikel 4 des 25. Verfassungszusatzes besagt, dass ein Präsident ersetzt wird, falls er unfähig ist, die Befugnisse und Pflichten seines Amtes auszuüben.»

So lautet der Text zu einer Petition, die der Psychologe John Gartner im Internet gestartet hat. Mehr als 50 000 Personen unterschrieben. Auch ein in der *New York Times* veröffentlichter Gastbeitrag der an der Harvard-Universität lehrenden Professorin für Psychiatrie, Judith Herman, sorgt in den USA für Aufsehen. «Wir sind besonders erschrocken von Trumps wiederholtem Versagen, zwischen Realität und Phantasie zu unterscheiden – und von seinen Wutanfällen, wenn seinen Phantasien widersprochen wird. Ohne jeden offensichtlichen Beweis verfällt er wiederholt in paranoide Verschwörungstheorien. Hinweise auf Kontakt zwischen seinen Mitarbeitern und Agenten der russischen Regierung beantwortete er mit einer Tirade gegen die Presse als ‹Feind des Volkes› und mit unbewiesenen Anschuldigungen, dass sein Vorgänger Barack Obama ihn aus politischen Gründen abgehört haben soll», schreibt die Harvard-Professorin. «Als Psychiater fühlen wir uns verpflichtet, Alarm zu schlagen. Wir fürchten, dass es Präsident Trump an rationalem Urteilsvermögen mangeln wird, wenn er mit einer Krise konfrontiert wird. Die militärische Macht, die ihm anvertraut ist, gefährdet uns alle. Wir drängen unsere gewählten Repräsentanten, die nötigen Schritte zu unternehmen, um uns vor diesem gefährlichen Präsidenten zu beschützen.»

Dieser Gastbeitrag in der *New York Times* und die Petition im Internet schlugen bei der Amerikanischen Psychiatrischen Gesellschaft, mit 35 000 Mitgliedern der weltweit größte Verband seiner Art, ein wie eine Bombe. Denn die beiden öffentlichkeitswirksamen Aktionen verstießen klar gegen die sogenannte Goldwater-Regel. Diese Regel verbietet es den Mitgliedern des Verbandes, sich über Personen des öffentlichen Lebens zu äußern, wenn sie diese nicht in persona untersucht haben. Eine Veröffentlichung etwaiger Untersuchungsergebnisse setze außerdem die Einwilligung des Patienten voraus.

Etabliert hatte die Amerikanische Psychiatrische Gesellschaft die Regel als Konsequenz aus einer denkwürdigen Episode im US-Präsidentschaftswahlkampf 1964. Damals wurde Präsident Lyndon B. Johnson von dem republikanischen Senator Barry Goldwater herausgefordert. Mitten in der heißen Phase des Wahlkampfes veröffentlichte das Magazin *Fact* die Ergebnisse einer Umfrage unter Psychologen und Psychiatern. Darin attestierte eine große Mehrheit der befragten Fachleute Goldwater Paranoia und Selbstüberschätzung; von einem Experten wurde er gar als «gefährlicher Verrückter» tituliert. Die Quintessenz der Studie: Dem republikanischen Kandidaten fehle es an der psychischen Stabilität, um das höchste Staatsamt auszuüben.

Goldwater verlor die Wahl krachend. Hinterher verklagte er den Herausgeber des Magazins, bekam recht und erhielt eine hohe Geldsumme als Schadensersatz. Amerikas Psychologen und Psychiater erlitten durch den Skandal einen erheblichen Ansehensverlust. Denn der Vorwurf stand im Raum, die befragten Experten hätten politisch motiviert geantwortet und seien weniger über Goldwaters Geisteszustand besorgt gewesen als über sein erzkonservatives Programm für Amerika.

Der Bruch der Goldwater-Regel durch die wenig schmeichelhaften Ferndiagnosen Trumps entfachte eine hitzige Debatte unter den Fachleuten. Die Kontroverse gipfelte in einer eigenen Konferenz zum Thema an der renommierten Yale-Universität. Die Organisatorin wählte martialische Worte, um die umstrittene Veranstaltung zu rechtfertigen. «Wir befinden uns in einem Ausnahmezustand und können uns nicht länger zurückhalten. Wir haben eine Verpflichtung, über Donald Trumps psychische Probleme zu sprechen, denn viele Leben und sogar unser Überleben als Spezies können auf dem Spiel stehen», erklärte die Yale-Assistenzprofessorin Bandy Lee. Widerspruch erntete sie von ihrem Kollegen Professor Charles Dike. Er argumentierte, als Psychiater habe man keine Verantwortung gegenüber der Öffentlichkeit, sondern nur gegenüber seinem Patienten. Auch der Vorsitzende des Fachbereichs für Psychiatrie an der Yale-Universität, John Krystal, berief sich auf die Goldwater-Regel und verweigerte seine Schirmherrschaft für die Konferenz. Andere Teilnehmer hingegen argumentierten, sogar Sigmund Freud habe bereits im Jahr 1910 Leonardo da Vinci per Ferndiagnose erfolgreich ergründet. Und Donald Trump stelle schon seit Jahrzehnten jede Facette seines Lebens freiwillig im Fernsehen zur Schau, sodass man kaum noch zwischen der öffentlichen und der privaten Figur unterscheiden könne. Das ermögliche eine Ferndiagnose. «Trump ist so ein klassischer Fall, dass ich Videoclips von ihm archiviere, weil es keine besseren Beispiele gibt», so George Simon, ein klinischer Psychologe, der Seminare über manipulatives Verhalten gibt.

Aber welche psychische Krankheit genau glauben die Experten bei Trump zu beobachten? Eine narzisstische Persönlichkeitsstörung, eine antisoziale Persönlichkeitsstörung und eine paranoide Persönlichkeitsstörung werden Trump von John Gartner attestiert. Der Psychologe, der die Petition zur Absetzung von Präsident Trump initiiert hat, stützt seine Ferndiagnose auf ein in der Psychiatrie verwendetes Klassifikationssystem namens DSM (Diagnostic and Statistical Manual of Mental Disorders). Dieser diagnostische und statistische Leitfaden psychischer Störungen wird oft als «Bibel der Psychiatrie» bezeichnet. Für die Diagnose einer Störung müssen konkrete Kriterien erfüllt sein, die das DSM definiert. Diese Kriterien beschäftigen sich nicht mit möglichen Ursachen einer Störung, sondern beschränken sich auf das zu beobachtende Verhalten.

Dies ermögliche auch eine seriöse Diagnose bei Trump, meint Gartner, der eine psychologische Biographie über Bill Clinton geschrieben und an der Johns-Hopkins-Universität gelehrt hat. «Wenn Trump zum Beispiel erklärt, er wisse mehr über den IS als seine Generäle, dann zeigt er Grandiosität, ein Kriterium für eine narzisstische Persönlichkeitsstörung», schreibt Gartner in der Fachzeitschrift *Psychology Today*. Indem Trump den Nationalen

Parkservice angewiesen habe, keine Fotos von leeren Tribünen während seiner Amtseinführung zu zeigen, habe er sein Bedürfnis nach Bewunderung offenbart. Was Trump gefährlich mache, sei seine antisoziale Natur. Die für die Diagnose dieser Störung im DSM-Handbuch definierten Kriterien wie wiederholte Lügerei, Impulsivität und die Unfähigkeit, sich an Gesetze und Normen zu halten, seien bei Trump klar erfüllt. Allein während seines ersten Monats als Präsident log Trump 133 Mal, wie die *Washington Post* minuziös recherchierte. Seine Impulsivität offenbart sich im Umgang mit Kritikern: Offenbar, weil sich FBI-Direktor James Comey weigerte, seine Untersuchung der Russland-Kontakte von Trumps Team einzustellen, wurde er gefeuert. Seitdem sieht Trump sich mit dem Vorwurf der Justizbehinderung konfrontiert.

Allerdings wies eine ganze Reihe von Trumps Vorgängern Symptome für grandiosen Narzissmus auf. Eine Gruppe von 120 Verhaltenswissenschaftlern analysierte in einer Studie für die Fachzeitschrift *Psychological Science* sämtliche US-Präsidenten und erstellte eine Rangliste. Der narzisstischste Präsident aller Zeiten ist Lyndon B. Johnson. Direkt dahinter rangieren Theodore Roosevelt, Andrew Jackson, Franklin D. Roosevelt, John F. Kennedy, Richard Nixon und Bill Clinton. Donald Trump war zum Zeitpunkt der Untersuchung noch nicht Präsident. Die Autoren der Studie haben auch die Korrelation von Narzissmus und präsidialen Leistungen untersucht. Demnach erweist sich Narzissmus als zweischneidiges Schwert. Auf der einen Seite brachten die Präsidenten mit grandiosem

Narzissmus viele Gesetze auf den Weg, verfügten über eine starke Agenda und große Überzeugungskraft. Auf der anderen Seite bringt man mit ihnen auch unethisches Verhalten in Verbindung, denken wir etwa an Bill Clinton oder Richard Nixon.

«Woher wissen wir, dass Trump nicht bewusst Chaos stiftet und sich dann mäßigt, um zu kriegen, was er will?», schreibt der Psychologe Steven Berglas in der *Psychology Today*. Aus seiner Sicht benehme der Präsident sich ziemlich rational, indem er versuche, seine Wahlkampfversprechen zu erfüllen. Dass Trump mit einem Einreiseverbot für Menschen aus mehrheitlich muslimischen Ländern versuche, Terroristen aus den USA fernzuhalten, rechtfertige nicht, ihn als psychisch krank zu bezeichnen. Und auch die Tatsache, dass er sich als Präsidentschaftskandidat öffentlich über einen körperlich behinderten Reporter lustig machte, sei zwar erbärmlich, aber bedeutet nicht zwangsläufig, dass er schneller auf den Startknopf für Atomraketen drücken werde. Berglas ist ein Verfechter der Goldwater-Regel. Das DSM-Handbuch mit den Kriterien für die Diagnose von psychischen Krankheiten solle nur aufschlagen, wer einem Patienten gegenübersitze.

Und der Psychiater Allen Frances, der die Kriterien für narzisstische Persönlichkeitsstörungen im DSM-Handbuch entwickelt hat, setzt hinzu: «Donald Trump ist böse, aber nicht verrückt. Er ist inkompetent und eine Gefahr für die Demokratie. Aber seine Eignung für das Präsidentenamt sollte nicht psychologisch, sondern politisch thematisiert werden.»

Der Sheriff und die Mauer

Arizona und die Grenze zu Mexiko

Um einen Mann zu treffen, der den amerikanischen Traum in besonderer Weise verkörpert, fliege ich nach Arizona. Tony Estrada ist nicht einfach nur ein Sheriff. Er ist eine lebende Legende. Seit 50 Jahren hütet er das Gesetz, seit 25 Jahren ist er Sheriff. In Amerika ist Sheriff ein Amt, für das man sich zur Wahl stellen muss. Schon beim ersten Händedruck ahne ich, warum die Bürger seines Landkreises ihn stolze sieben Mal gewählt und damit zum dienstältesten Sheriff von Arizona gekürt haben – dem einzigen mit hispanischen Wurzeln.

Tony Estrada hat eine Aura wie ein Fels in der Brandung. Der 73-Jährige ist nicht groß, hat aber breite Schultern. Selbst wenn er seine Uniform ablegt, strahlt er eine natürliche Autorität aus. Wer ihn lächeln sieht, erkennt auch einen Menschenfreund. Ein Hauch von Schwermut in seinen Augen verrät, dass er schon viel Leid gesehen hat.

Sein goldener Sheriffstern und sein silbergraues Haar glänzen in der Sonne um die Wette. Wir stehen vor seiner Wache. Sie hat ganz und gar nichts mit den kleinen, verstaubten Büros aus den Westernfilmen zu tun, in denen ein Hilfssheriff mit den Stiefeln auf dem Schreibtisch Zeitung liest. Vielmehr ist Tony Estrada der Hausherr eines hochmodernen Komplexes, zu dem neben seiner Wache auch ein Untersuchungsgefängnis für bis zu 372 Insassen gehört. Der Name des Gebäudes ist in großen Buchstaben über dem Haupteingang angebracht: «Tony Estrada Law Enforcement Center». Dieser Schriftzug bedeutet für Tony die Erfüllung des amerikanischen Traumes. Denn dass als Ehrung für seine in Jahrzehnten erworbenen Verdienste einmal ein städtisches Gebäude nach ihm benannt würde, war ihm nicht gerade in die Wiege gelegt. Geboren wurde er in Mexiko, in sehr einfachen Verhältnissen. «Wir hatten etwas zu essen auf dem Tisch, aber auch nicht mehr», sagt Estrada. Als Kleinkind zog er mit seinen Eltern nach Amerika. Von Nogales, Mexiko, nach Nogales, USA. Hier ist er heute Sheriff.

Tony möchte mir seinen Geburtsort zeigen, und wir fahren in Richtung Grenze. Auf dem Rücksitz liegen ein Sturmgewehr und eine schusssichere Weste. Wir halten vor einem sechs Meter hohen Stahlzaun. Die Spitzen sind flach, sie muten an wie Rasiermesser. Der Zaun zerschneidet Nogales in einen amerikanischen und einen mexikanischen Teil. Er verläuft mehrere Hügel hinauf und hinab, so weit das Auge reicht. Die dicken Stangen des Zauns sehen rostig aus, aber nur oberflächlich. Durch den Abstand zwischen den Stangen passt gerade mal ein Arm. Und ein Blick.

Zunächst zögere ich. Denn ich frage mich, ob sich die

Menschen auf der mexikanischen Seite herabgewürdigt fühlen könnten, wenn jemand von der amerikanischen Seite seine Nase zwischen die Gitterstäbe drückt wie in einem Zoogehege. Erst als der Sheriff hinübersieht, traue ich mich auch. Die Häuser sind in den Hang gebaut, die meisten wirken recht bescheiden. Einige haben nicht einmal einen Anstrich. Dafür bringen die nackten Betonwände die Palmen und Zypressen besser zur Geltung. Das Bellen eines Hundes hallt über den Hügel. Ansonsten herrscht eine eigenartige Stille. Vielleicht, weil es Mittag ist. Erst nach einiger Zeit sehe ich einen Menschen auf der mexikanischen Seite. Ein Mann ist geräuschlos vor sein Haus getreten und blickt uns aus der Ferne direkt an wie Fremde von einem anderen Planeten.

Früher fühlte man sich näher. Noch vor 30 Jahren feierten Nogales, Mexiko, mit seinen rund 220 000 Einwohnern und Nogales, Arizona, mit seinen rund 20 000 Bürgern jedes Jahr im Frühling ein gemeinsames Stadtfest. Es gab auch einen regen Grenztourismus. Viele amerikanische Soldaten aus dem nahe gelegenen Fort Huachuca fuhren ins mexikanische Nogales, um dort landestypisch essen zu gehen, einige Weltklasse-Margaritas zu trinken und einen Tontopf oder einen Sombrero zu kaufen.

Das änderte sich schlagartig mit dem 11. September 2001. Auch wenn keine Mexikaner unter den Attentätern waren, wurden unerlaubte Einreisen in die USA zunehmend als Risiko für die nationale Sicherheit eingeordnet. Die amerikanische Öffentlichkeit war auch immer weniger bereit, illegale Einwanderung hinzunehmen. Grenzsicherung rückte in den Fokus der politischen Entscheidungsträger. Einen Zaun hatte es in Nogales zwar schon seit 1994 gegeben, aber nach 9/11 wurden die Passkontrollen erheblich verschärft. 2011 wurde der Zaun angesichts des explodierenden Drogenhandels zur Festung ausgebaut. Rund 20 Kilometer ist er an dieser Stelle der Grenze zu Mexiko lang, viereinhalb Kilometer davon verlaufen durch das Stadtgebiet von Nogales.

Tony Estrada war seit zehn Jahren nicht mehr in seiner Heimatstadt, drüben auf der mexikanischen Seite. Weil er Drogenschmuggler verfolgt, hat er dort drüben nicht nur Freunde. «Aber die meisten sind gute Leute. Hart arbeitende, familienorientierte Menschen.» Dass Donald Trump die Mexikaner im Wahlkampf pauschal als Kriminelle verunglimpfte, hat den Sheriff aufgeregt. Schon in der Rede, in der er seine Präsidentschaftskandidatur verkündete, hatte Trump wörtlich über mexikanische Immigranten gesagt: «Sie bringen Drogen, sie bringen Kriminalität. Sie sind Vergewaltiger. Und einige, so vermute ich, sind gute Menschen.» Estrada sagt: «Ich habe persönlich genommen, wie er über unsere Leute spricht. Es stimmt einfach nicht. Wenn er über Vergewaltiger, Schmuggler und Kriminelle reden will, soll er erst mal in seinem eigenen Vorgarten nachsehen.»

Der Sheriff wirbt um Verständnis für die Menschen, die der Armut in Mexiko entfliehen wollen und ihr Leben riskieren, um in die USA zu kommen. Dabei gestikuliert er mit den Händen wie ein Vater, der beim Schuldirektor um Entschuldigung für das Fehlverhalten seiner Kinder bittet.

«Sie müssen sich die Situation genau ansehen, in der sich die Leute befinden, die illegal einwandern. Sie flüchten vor extremer Armut, Verfolgung, Drogengangs und einer korrupten Regierung.»

Solche Fluchtursachen blendete Donald Trump in seinem Wahlkampf aus. Stattdessen formulierte er ein Versprechen, das seine Kritiker empörte und seine Unterstützer elektrisierte: «Ich werde eine große Mauer bauen – und niemand baut besser Mauern als ich, glaubt mir. Und ich werde sie sehr günstig bauen. Ich werde eine große, große Mauer an unserer südlichen Grenze bauen, und ich werde Mexiko für diese Mauer zahlen lassen.» Bei Wahlkampfauftritten skandierten seine Anhänger regelmäßig: «Bau diese Mauer!» Als eine seiner ersten Amtshandlungen unterzeichnete Präsident Trump dann einen Erlass, der den Heimatschutzminister anwies, mit dem Bau der Mauer zu beginnen.

Diese Pläne sind aus Tony Estradas Sicht nicht nur menschenverachtend, sondern auch unzweckmäßig. «Es hat noch nie einen Zaun oder eine Mauer gegeben, die diese verzweifelten Menschen davon abhalten konnte, in die Vereinigten Staaten zu kommen. Sie sind entschlossen und mutig genug, Tausende Meilen zu gehen.» Gute Kletterer hätten schon den sechs Meter hohen Zaun in zwanzig Sekunden überwunden, berichtet er. Auch eine noch so hohe Mauer werde kein ernsthaftes Hindernis für Flüchtlinge und Schmuggler sein. Die Drogenkartelle seien extrem kreativ. Schon 1995 hat er den ersten Tunnel entdeckt, der unter dem Grenzzaun gegraben wurde. Er endete auf der amerikanischen Seite direkt neben einer verlassenen Kirche. Bis heute wurden 110 weitere Tunnel in Nogales entdeckt. Solange die Nachfrage nach Drogen auf amerikanischer Seite groß bleibt, würden die Kartelle auch liefern. Eine Mauer wäre in dem Katz-und-Maus-Spiel nur ein neues Hindernis, das früher oder später überwunden wird. Es gebe viel sinnvollere Maßnahmen, um die Grenze besser zu schützen. «Sie brauchen mehr Personal. Vielleicht mehr Technologie, mehr Grenzpatrouillen. Aber mehr als alles andere muss man endlich anfangen zu überlegen, wie man die Lage in Mexiko selbst verbessern kann», sagt Estrada.

Laut Schätzungen könnte die Mauer zwischen 10 und 25 Milliarden Dollar kosten. Statt das Geld für eine Mauer zu verschwenden, die nichts bringe, sollten die USA besser in Entwicklungshilfe für Mexiko investieren. Der Sheriff appelliert an das Nachbarschaftsgefühl der Amerikaner – und an ihren Geschäftssinn. Schließlich könne eine Mauer auch den Wirtschaftsbeziehungen schaden. Mexiko ist der drittgrößte Handelspartner der USA. Seine Argumente hat Sheriff Estrada Trumps Heimatschutzminister und dem Justizminister auch persönlich vorgetragen. Sie waren nach Nogales gekommen, um sich ein eigenes Bild zu machen. Gebracht habe das wenig.

Einige Zeit nach der Recherchereise seiner Minister an die mexikanische Grenze präsentierte Trump vor jubelnden Anhängern eine Weiterentwicklung seiner Pläne. Die Mauer könnte mit Solarplatten verkleidet werden, um mit dem erzeugten Strom den Mauerbau zu finanzieren. «Ja, wir werden eine Mauer bauen», versichert Trump. «Wir müssen verhindern, dass die Drogen weiter zu uns herüberfließen. Ich habe eine Idee, von der noch niemand gehört hat. Die südliche Grenze. Viel Sonne, viel Hitze. Wir denken darüber nach, eine Mauer als Solarmauer zu bauen. Sodass sie Energie produziert. Und sich so selbst finanziert.» Auf diese Weise müsse Mexiko «viel weniger Geld bezahlen». Zuvor hatte Trump Solarenergie wiederholt als «sehr, sehr teuer» und «nicht so gut» bezeichnet. Nun gibt sich der Präsident als Innovator im Bereich der Solartechnik. «Ziemlich gute Vorstellung, oder? Meine Idee!»

Allerdings hatten zwei Forscher die Idee für eine Solarmauer schon Monate vor Trumps Rede in einem Gastbeitrag im *Wall Street Journal* präsentiert. Tatsächlich kamen sie zu dem Schluss, dass eine Mauer mit Solarzellen technisch und ökonomisch sinnvoll sein könnte. Auch ein in Las Vegas ansässiges Technologieunternehmen hatte schon weit vor Trumps Rede die Idee veröffentlicht, mit Stromgewinnung per Solarenergie die Baukosten der Mauer zu refinanzieren.

Jim Chilton ist es egal, ob Trump sich mit fremden Federn schmückt. Der Cowboy hält den Präsidenten für ein Genie. Jim lebt einige Meilen nördlich von Nogales. Genau wie der Sheriff ist er bewundernswert fit für sein fortgeschrittenes Alter. Auch mit 77 Jahren ist Jim noch ständig auf dem Pferd unterwegs. Nicht zum Spaß, er will auf seiner Ranch nach dem Rechten sehen. Denn die Grenze zwischen den USA und Mexiko verläuft durch sein Grundstück. «Die mexikanischen Schmuggler transportieren ihre Drogen mitten über meine Ranch», sagt er empört.

Chilton will mir sein Beweismaterial zeigen und führt mich zum Haus. Vor der Tür liegen, dekorativ aufgereiht, mindestens dreißig Paar Schuhe. Schmuggler und Flüchtlinge haben sie auf Jims Grundstück zurückgelassen. Sie sehen aus wie eine Mischung aus Turnschuhen und Pantoffeln. Sonderanfertigungen, die keine Spuren im Boden hinterlassen sollen. Drinnen im Haus schaltet Jim seinen Computer an und dreht den Monitor in meine Richtung. Er präsentiert Aufnahmen seiner Überwachungskameras. Ich sehe einen Mann, der ein Maschinengewehr trägt. Um seinen Hals hängt ein Fernglas. Hinter ihm her laufen fünf weitere Männer, alle in Tarnfarben-Kleidung. Auf dem Rücken tragen sie große Rucksäcke. «Diese Rucksäcke sind prall gefüllt mit Marihuana, Kokain, Crystal Meth oder Heroin. Die laufen hier einfach über meine Ranch und tragen die Drogen zu den Amerikanern, die danach verlangen.»

Diese Aufnahmen zeigen keinen Einzelfall, stundenlang könnte Jim mir Material vorführen. Der Schmuggel hier sei hoch professionell organisiert. Dahinter stecke das Sinaloa-Kartell, laut CIA lange «die mächtigste Organisation im Drogenhandel weltweit». Allein zwischen 1990 und 2008 soll das Sinaloa-Kartell mehr als 200 Tonnen Kokain in die USA geschmuggelt haben.

«Warum kann das Kartell denn so ungehindert dein Grundstück als Transportroute nutzen?», frage ich. «Das zeige ich dir jetzt an der mexikanischen Grenze.» Um dorthin zu gelangen, müssen wir zum Glück vom Pferd in den Wagen umsteigen. Die Fahrt wird eineinhalb Stunden dauern. Denn Jim herrscht über 55 000 Hektar Land, eine Fläche so groß wie ganz Stuttgart. Der alte Cowboy fährt einen gewaltigen Geländewagen, mehr Monstertruck als Auto. Und den braucht man auch, um die Wüste Arizonas zu durchqueren. Es gibt keine Straße, nur primitive Schotterwege. Immer wieder rollen wir über Berge von Gesteinsbrocken und durchqueren Wasserlachen, die Jim als Pfützen wahrnimmt und ich als Teiche.

Hier draußen gibt es keinen Handyempfang und natürlich keine Straßenschilder. Anfangs versuche ich noch, mich bei Fahrtrichtungswechseln an besonders hohen Kakteen oder auffälligen Sträuchern am Wegesrand zu orientieren. Nach einer Weile gebe ich es auf. Allein würde ich niemals zurückfinden. Jim wirkt zwar gesund und munter, aber was, wenn ihn ganz plötzlich der Sensenmann überrascht? Ich wäre verloren. Selbst eine Motorpanne könnte uns schon in existenzielle Schwierigkeiten bringen, denn zumindest meine handwerkliche Begabung würde nicht ausreichen, um den Wagen und uns wieder aus der Wüste hinauszubringen.

Meine sorgenvollen Gedanken werden nicht gerade zerstreut, als Jim mir erklärt, dass wir aller Wahrscheinlich nach gerade von Spähern des Drogenkartells beobachtet werden. «Die sitzen dort oben in den Bergen und wissen ganz genau, wo wir gerade entlangfahren. Sie haben sogar Satellitentelefone und sind technisch meistens besser ausgestattet als die Grenzpatrouillen», sagt Jim. «Und was machen wir, wenn sie plötzlich vor uns stehen?», frage ich bemüht gelassen. «Was meinst du, warum ich das hier dabeihabe.» Jim deutet auf sein Gewehr, das er während der Fahrt jederzeit einsatzbereit auf dem Schoß liegen hat. Für mich liege im Notfall noch eine Pistole im Handschuhfach. Dazu passend erzählt Jim mir die Geschichte von seinem Freund Rob Krentz. Der hatte auf seiner Ranch ein Versteck des Sinaloa-Kartells mit mehr als 100 Kilo Marihuana entdeckt und es der Polizei gemeldet. Daraufhin wurden ganz in der Nähe acht Drogenschmuggler verhaftet. Am Tag darauf wurde Krentz auf seiner Ranch mit mehreren Schüssen getötet.

Nach dieser Geschichte lenkt Jim mich zum Glück etwas ab, indem er mir seinen Lebensweg skizziert. Er ist auf einer Ranch aufgewachsen, die seit fünf Generationen in Familienbesitz war. Seine Vorfahren trieben schon im Jahr 1888 die ersten Viehherden durch Arizona. Doch Jim trat zunächst nicht in die Fußstapfen seines Vaters, sondern studierte Wirtschafts- und Politikwissenschaft. Als Investmentbanker in Los Angeles machte er ein Vermögen. Ende der 1980er Jahre kehrte er dann zu seinen Wurzeln zurück. Er kaufte die Ranch in Arizona. Knapp tausend Rinder besitzt er heute.

Als wir endlich an der Grenze ankommen, bin ich überrascht. Nur ein Zaun, bestehend aus vier dünnen Strängen rostigem Stacheldraht, trennt hier die USA von Mexiko. Jim lehnt sein Gewehr an den Zaun, geht auf die Knie und hebt den unteren Strang ein wenig an. Es dauert keine zehn Sekunden, dann ist er unter dem Zaun hindurchgekrochen. «Jetzt bin ich in Mexiko!», ruft er. «Wenn ich mit

77 das kann, kann es ein 17-Jähriger erst recht.» Neun Kilometer lang verläuft der offenherzige Grenzzaun an Jims Ranch entlang. Leichtes Spiel für die Drogenschmuggler.

Jim sagt, er habe schon vor zehn Jahren die Idee gehabt, hier eine Mauer zu bauen. Weil Trump auf dieselbe Idee kam, ist er in Jims Augen eben ein Genie. «Ich bin begeistert von seinem Fachwissen und seiner Intelligenz, die zu der richtigen Lösung führen. Es ist wichtig, hier eine Mauer zu bauen und Straßen für die Grenzpatrouillen. Wir brauchen sie hier und nicht mitten in der Stadt.»

Jim ist stocksauer auf Obama. Der habe nur in der Nähe der Städte große Zäune bauen lassen und damit die illegale Einwanderung hierher umgelenkt. Eine Grenzpatrouille sehe er hier draußen nur ganz selten. Dafür habe er schon einmal unmittelbare Bekanntschaft mit den Drogenschmugglern gemacht. «Ich bin diesen Schurken direkt über den Weg gelaufen. Als sie mich und meine Waffe sahen, sind sie schnell über den Zaun gesprungen und weggerannt, um sich in Mexiko in Sicherheit zu bringen.»

«Hattest du keine Angst vor denen?», frage ich etwas ungläubig. «Nein, ich bin ein Cowboy und kein Weichei!» Jim wandert weiter mit mir durch die Wüste. Nach einer Weile stoppen wir vor einem großen Busch. Neben dem Stamm ist eine Kuhle erkennbar. «Ich kam hier zufällig entlang und fand vier große Säcke mit Marihuana. Sie wogen jeweils ungefähr 30 Kilo. Ich suchte die Grenzpolizei, um den Fund zu melden, aber ich konnte sie nirgends finden.»

«Es suchen ja nicht nur Drogenschmuggler aus Mexiko

den Weg in die USA, sondern auch ganze Familien, die der Armut entfliehen. Kommen die auch über dein Grundstück?», frage ich Jim. «Ja. Und damit eins gleich klar ist: Ich bin kein Rassist. Meine Frau und ich haben unzähligen Flüchtlingen Wasser und Essen gegeben, wenn sie plötzlich an unsere Tür klopften. Aber viele schaffen es nicht. Wir sind auch deshalb für Trumps Mauer, weil wir nicht wollen, dass auf unserem Grund und Boden weiter Menschen sterben.»

Seitdem in Städten wie Nogales die hohen Grenzzäune gebaut wurden und damit die Flüchtlingsströme hierher umgelenkt wurden, sind die Todeszahlen gestiegen. Viele Flüchtlinge verlieren in der Wüste die Orientierung und verdursten. Schon ein gebrochener Knöchel auf dem langen Marsch kann das Ende bedeuten. Mehrere hundert Menschen sterben jedes Jahr allein hier in der Wüste Arizonas. Und wer am Leben bleibt, erlebt auf dem Weg nach Amerika oft einen Albtraum, der nie mehr enden wird. Jim führt mich zu einem Baum, dessen dichtes Geäst Schutz vor Sonne und Patrouillen bietet. Doch keinen Schutz gewährt er Frauen vor ihren Schleppern. Jim deutet auf einen BH. «Unzählige Frauen werden auf ihrer Flucht vergewaltigt. Das ist unbeschreiblich traurig», sagt Jim. Für Bäume wie diesen hat sich sogar ein fester Begriff eingebürgert: rape tree, Vergewaltigungsbaum. Ich blicke zu Boden. Eine leere Wasserflasche, Konservendosen, Reste eines T-Shirts. Zeugnisse unbeschreiblicher Tragödien.

«Die verzweifelten, gutherzigen Leute, die ihr Glück

hier in Amerika suchen wollen, brauchen endlich eine Perspektive, die sie nicht mehr in die Wüste treibt. Wenn sie hier arbeiten wollen, müssen die USA dafür ein Programm entwickeln. Wir müssen sie ja nicht gleich einbürgern, aber sie brauchen zumindest eine Aufenthalts- und Arbeitserlaubnis», sagt Jim, als wir wieder wohlbehalten an seinem Haus angekommen sind. «Und gegen die Drogenschmuggler brauchen wir eben Trumps Mauer.»

Nachdenklich verabschiede ich mich von Jim Chilton. Ich kann nachvollziehen, dass er keine Drogenschmuggler auf seiner Ranch dulden möchte. Aber dass er und Hunderttausende andere Trump-Anhänger ausgerechnet im *Land of the free* lautstark den Bau einer symbolisch aufgeladenen Mauer fordern, finde ich befremdlich.

Zurück in Washington, treffe ich mich mit dem Politik-Veteranen Jim Kolbe. Er hat 22 Jahre lang Arizona als Abgeordneter im Repräsentantenhaus vertreten. Nach der Pensionierung blieb er in Washington wohnen, ganz in der Nähe des Kapitols. Er hat mich zu sich nach Hause eingeladen. Sein Mann öffnet mir die Tür. Jim Kolbe war einer der ersten republikanischen Kongressabgeordneten, die sich offen zu ihrer Homosexualität bekannten. Lange hatte er gefürchtet, dass ihm sein Outing politisch schaden könnte. Doch es kam ganz anders. Bis heute ist er bestens in der Republikanischen Partei vernetzt. Auf dem Wohnzimmertisch steht ein Foto vom gemeinsamen Weihnachtsfest mit George W. Bush im Weißen Haus. Jim Kolbe erzählt, der Präsident habe sich immer hervorragend mit seinem

Mann verstanden, der aus Panama stammt. Ihm zu Ehren habe Bush sogar spanisch gesprochen.

Jim Kolbe kennt also besonders gut das Spannungsfeld zwischen politischem Konservatismus und Toleranz, zwischen Wahlkampfgetöse und dem politisch Machbaren. Und Arizona kennt er wie seine Westentasche. Kolbe will von mir wissen, was ich in seinem Heimatstaat erlebt habe. Während sein Königspudel Prepper meine Beine beschnüffelt und dabei auf die Auswahl von feiner Wurst und Käse schielt, die der Hausherr mir angeboten hat, schildere ich meine Eindrücke. Besonders ausführlich erzähle ich von Cowboy Jim Chilton, dem Befürworter der Mauer.

«Ich verstehe die Ängste und Bedenken von Jim Chilton», setzt der pensionierte Politiker zu einem längeren Monolog an. «Mein Bruder lebt auch nur knapp fünf Kilometer von der mexikanischen Grenze entfernt und bringt diese manchmal rationalen, manchmal irrationalen Ängste ebenso zum Ausdruck. Gucken wir also zunächst darauf, was überhaupt praktisch möglich ist. An einigen Stellen kann man rein technisch gar keine Mauer bauen. Zum Beispiel an Bergen mit steilen Abhängen. Außerdem gibt es noch ein ganz anderes Problem, über das nur selten gesprochen wird: Das Grenzgebiet in Arizona ist oft in Besitz von Ranchern. Wenn sie dem Mauerbau nicht zustimmen, müsste die Regierung sie enteignen und entschädigen. Das kostet viel Zeit und Geld.» Jim Kolbe nimmt einen Schluck von dem deutschen Riesling, den ich als Gastgeschenk mitgebracht habe, nickt zufrieden und fährt fort: «Selbst wenn die Mauer gebaut würde, bräuchte man dann immer noch Sicherheitskräfte, die dort patrouillieren. Es dürfte auch schwer werden, so viele Beamte dazu zu bewegen, in gottverlassene Grenzorte zu ziehen. Die Idee, eine Mauer zu bauen, ist also allzu simpel. Ich habe nie geglaubt, dass eine Mauer die richtige Lösung ist.»

«Und was ist aus Ihrer Sicht die richtige Lösung?» Ich frage mich, ob der Pudel gerade an meinem Hosenbein nagt, bemühe mich aber um volle Konzentration auf die bevorstehende Antwort. «Es ist eine Kombination aus drei Maßnahmen», erklärt Jim Kolbe. «Erstens muss die Grenze tatsächlich besser geschützt werden. Dafür braucht man mehr Personal und einen besseren Einsatz von Überwachungstechnologie. Zweitens brauchen wir endlich eine vernünftige, allumfassende Einwanderungspolitik, um den Strom von Leuten zu regulieren, die ins Land kommen. Und drittens müssen wir einen Weg finden, um den Millionen von Menschen, die ohne Papiere in den USA sind, einen legalen Aufenthaltsstatus zu verschaffen.»

Rund elf Millionen Menschen leben derzeit ohne Papiere in den USA, mehr als die Hälfte davon ist wohl über die mexikanische Grenze ins Land gekommen. Was wird aus ihrem amerikanischen Traum? Egal, was am Ende wirklich aus Trumps Bauprojekt wird – eines hat der Präsident leider geschafft: In den Köpfen von Millionen Amerikanern steht seine Mauer bereits.

Krank in Kentucky

Wenn Gesundheit unbezahlbar wird

Für Wendy Wheeler-Mullins und ihre Tochter Amelia beginnt der Tag mit einer Fahrt zur Therapeutin. Die 26-jährige Amelia ist seit ihrer Geburt körperlich und geistig behindert. Ihre Mutter hilft ihr aus dem Auto. Behutsam führt sie Amelia an ihrem Arm über den Parkplatz zum Eingang einer Praxis. Für 50 Meter brauchen die beiden fast zehn Minuten. Der Behandlungsraum gleicht einer kleinen Turnhalle. Der Boden ist mit Gummimatten ausgelegt, an der Wand sind Kletterssprossen angebracht. Amelia nimmt auf einem großen blauen Gymnastikball Platz. Ihre Therapeutin Anne sitzt ihr gegenüber und fordert sie auf, ihre Bewegungen nachzuahmen. Das Einüben bestimmter Bewegungsabläufe hilft Amelia und ihrer Mutter im Alltag, etwa beim Anziehen. Die Therapeutin reicht Amelia eine Bürste und macht ihr vor, wie man sich kämmt. Immer wieder fährt sie sich damit durch die langen dunklen Haare. Amelia scheint es Spaß zu machen, sie gluckst vergnügt. Sprechen kann sie nur wenige Worte, sie kommuniziert vor allem mit Hilfe eines Tablet-Computers, der ein Spezialprogramm für Menschen mit Behinderungen enthält. Mit den Fingern kann sie verschiedene Felder auf dem Bildschirm berühren und so ihre Bedürfnisse ausdrücken. Es gibt zum Beispiel ein Feld für Hunger und eines für Durst. Auch den Umgang mit dem Computer übt die Therapeutin mit der jungen Frau. Amelia hat eine ausgeprägte Autismus-Spektrum-Störung. «Mit Hilfe der Therapie kann meine Tochter ein gewisses Maß an Selbständigkeit erlernen, das es uns ermöglicht, sie bei uns zu Hause zu pflegen», sagt ihre Mutter. Mehrere Jahre hat sie dafür kämpfen müssen, dass ihre Krankenkasse die Kosten übernimmt. Rund 90 Dollar kostet eine Stunde. Zweimal pro Woche kommt Amelia für mehrere Stunden hierher.

Wendy Wheeler-Mullins fürchtet, dass die Behandlung ihrer Tochter in dieser Form bald nicht mehr möglich sein wird. Denn Präsident Trump hat einen radikalen Bruch mit der Gesundheitspolitik seines Vorgängers Obama angekündigt. Trump will staatliche Ausgaben für Gesundheit in Milliardenhöhe streichen. So will er seine Steuerreform finanzieren, die vor allem Erleichterungen für Unternehmen und Gutverdiener vorsieht. Für Amelia hätte das dramatische Folgen. Denn Trumps Plan sieht vor, die Zuschüsse aus Washington für die einzelnen US-Bundesstaaten stark zu kürzen. Amelia und ihre Familie leben in Kentucky, einem vergleichsweise armen Staat, der besonders hart getroffen würde.

«Als Therapeutin fürchte ich, dass die Budgetkürzungen im Gesundheitssystem sich auf die Behandlung meiner Patienten auswirken. Zum Beispiel auf die Häufigkeit der Therapien, aber auch auf meine Bezahlung und die Qualität der Behandlung insgesamt», sagt Kimberly Day, die Therapeutin von Amelia. Ihre Mutter hat große Angst, dass sich ihr Zustand deutlich verschlechtern könnte. «Ohne ihre Übungen in dieser Intensität und Regelmäßigkeit verliert Amelia ihre mühsam erlernten Fähigkeiten wieder. Für unsere Familie wäre das eine Katastrophe.» Denn noch kann Wendy Wheeler-Mullins wenigstens am Wochenende in ihrem erlernten Beruf als Buchhalterin arbeiten. Obwohl ihr Mann in Vollzeit berufstätig ist, reicht das Geld nicht aus. Neben Amelia hat die Familie noch zwei weitere Kinder, die bald studieren möchten. Darüber hinaus macht sich Wendy große Sorgen um die mittel- und langfristige Zukunft. «Noch kann Amelia mit Hilfe der Therapien mehr oder weniger selbständig bei uns zu Hause zu leben. Aber was passiert, wenn es ihr ohne die Behandlungen schlechter geht und ich gleichzeitig gesundheitlich nachlasse? Meine größte Angst ist, meine Tochter irgendwann ins Heim geben zu müssen.»

Viele Amerikaner werden von solchen Ängsten geplagt, seitdem Donald Trump sich entschieden hat, das wichtigste innenpolitische Vermächtnis seines Vorgängers abzuwickeln. Dank der Gesundheitsreform Obamas bekamen mehr als 20 Millionen Amerikaner, die vorher nicht versichert waren, eine Krankenversicherung. Obamas Gesetz beruht auf drei Säulen. Erstens werden Geringverdiener, die nicht über ihren Arbeitgeber versichert waren, in die bestehende Versicherung für Arme (Medicaid) aufgenommen. Dafür wurde die Schwelle zur Anspruchsberechtigung herabgesetzt. Zweitens dürfen Versicherungen keine Kunden mehr wegen Vorerkrankungen ablehnen. Drittens wurde eine Versicherungspflicht eingeführt.

Solch eine flächendeckende Krankenversicherung kam in den USA geradezu einer Revolution gleich. Schon die Präsidenten Roosevelt, Wilson, Truman, Nixon und Clinton hatten sich daran versucht. Doch sie alle waren am Widerstand der mächtigen Gesundheitsindustrie gescheitert, die staatliche Eingriffe ins System als «sozialistisches Teufelszeug» brandmarkt und viel Geld in die Beeinflussung von Politikern investiert. So diente den Republikanern Obamas Reform jahrelang als politische Angriffsfläche Nummer eins. Doch jetzt, wo sie nicht nur das Weiße Haus, sondern auch den Kongress erobert haben, tun sie sich plötzlich schwer damit, «Obamacare» abzuschaffen und zu ersetzen, wie es Präsident Trump im Wahlkampf immer wieder lauthals versprochen hatte. Denn die Republikaner selbst sind in ihrer Haltung zur Gesundheitspolitik gespalten. Die einen wollen Obamas Reform um jeden Preis abwickeln. Die anderen haben erkannt, dass auch viele ihrer Wähler inzwischen die Vorzüge von «Obamacare» genießen, und fürchten, in Ungnade zu fallen, wenn sie den Bürgern ihre Versicherung wieder wegnehmen.

Allerdings herrscht bei Republikanern wie Demokraten Einigkeit, dass auch Obamas Modell alles andere als perfekt ist. Das amerikanische Gesundheitssystem gilt grundsätzlich als das teuerste der Welt. Unter den 23 reichsten Industrieländern haben die USA mit Abstand die höchsten Pro-Kopf-Kosten für Gesundheit – und trotzdem die niedrigste durchschnittliche Lebenserwartung. Und noch immer leben etwa 30 Millionen Amerikaner ohne Versicherungsschutz. Es gibt eine ganze Reihe von Gründen für die horrenden Kosten. Die Medikamentenpreise sind astronomisch hoch. Laut *Neuer Zürcher Zeitung* kosten die 20 weltweit am häufigsten verkauften Arzneimittel in den USA dreimal so viel wie etwa in Großbritannien. Ursache dafür ist eine kaum regulierte Preisgestaltung der amerikanischen Pharmaindustrie. Zwar zahlen staatliche Versicherungen für rund 40 Prozent aller in den USA verkauften Medikamente, doch noch immer darf der Staat nicht direkt mit den Pharmakonzernen die Preise aushandeln. In die Höhe getrieben werden die Gesundheitskosten außerdem durch eine regelrechte Kultur der Klagen auf Schmerzensgeld. Weil in vielen US-Bundesstaaten Forderungen nach Schmerzensgeld nach oben kein Limit kennen, animieren viele Anwälte zu solchen Klagen. Das treibt bei den Ärzten die Prämien für Haftpflichtversicherungen extrem in die Höhe, und diese Kosten geben sie direkt an ihre Patienten weiter. Aus Angst vor Klagen praktizieren viele Doktoren auch eine «defensive Medizin», die laut Studien wenig bringt und manches Leiden langfristig sogar verschlimmert.

Trotz der ehrenwerten Absicht, Millionen Amerikanern endlich eine Krankenversicherung zu verschaffen, hat Obamas Gesundheitsreform die Kosten weiter explodieren lassen. Das bestreiten nicht einmal die Demokraten. Denn Solidarität hat ihren Preis. Um Menschen aus der unteren Mittelschicht versichern zu können, müssen die

Prämien aller Kunden steigen. Ein Handwerker erzählt mir, dass sich sein Beitrag innerhalb nur eines Jahres fast verdoppelt hat. Und bis die Versicherung überhaupt Arztrechnungen übernimmt, hat er eine Selbstbeteiligung von 10 000 Dollar. Das ist kein Ausnahmefall, sondern eher die Regel. Präsident Trump befördert diese Entwicklung noch. Denn ihm ist es zwar noch nicht gelungen, ein neues Gesundheitsgesetz durch den Kongress zu bringen, obwohl seine Republikaner die Mehrheit in beiden Kammern halten. Doch er hat angekündigt, Obamas System indirekt abzuwickeln, indem er staatliche Unterstützungen für die Versicherten streicht – etwa für Menschen mit geringen Einkommen, die sich ohne diese Hilfe keine Obama-Krankenversicherung leisten können. Viele Versicherungen haben ihre Prämien bereits in Erwartung der staatlichen Kürzungen erhöht.

Doch ausgerechnet diejenigen, die das am meisten betrifft, sehen in Trump immer noch einen Heilsbringer. Mehrere hundert Meter lang ist die Schlange vor der «Freedom Hall», einer Multifunktionsarena in Kentuckys größter Stadt Louisville. Hier wird Trump eine Rede halten, die Gesundheitspolitik zum Schwerpunkt haben soll. Schon seit dem frühen Morgen harren die Menschen hier aus, um am späten Abend ihrem Präsidenten ganz nah sein zu können. Viele haben Campingstühle mitgebracht. «Präsident Trump steht jeden Morgen früh auf, um für meine Familie und mich zu kämpfen. Da kann ich ja auch mal für ihn früh aufstehen, um ihm meine Unterstützung zu zeigen», sagt Mike, ein Mittfünfziger, der extra aus dem

Nachbarstaat Tennessee hergefahren ist. «Trump wird die Jobs zurückbringen», davon ist Mike überzeugt. Die Frage, ob er damit auch seinen eigenen meint, beantwortet sich fast von selbst. Seit neun Stunden wartet Mike schon vor der Halle, um drinnen einen Platz in der ersten Reihe ergattern zu können. Ich selbst hätte mich nicht einmal als Teenager so lange angestellt, um meiner Lieblingsband Oasis ein paar Meter näher zu kommen. Trumps Fans sind Schüler und Rentner, Männer und Frauen, Arbeiter und Arbeitslose. Sie eint ihre Hautfarbe. Die Menge ist überwiegend weiß, so wie der Schriftzug auf den roten Baseballkappen: «MAKE AMERICA GREAT AGAIN!».

Irgendwann öffnen sich endlich die Tore zur Halle. Jetzt muss noch der Sicherheitscheck durchlaufen werden. Wie am Flughafen stehen Metalldetektoren bereit. Wer eine Münze in der Hosentasche vergessen hat, wird vom Secret Service höchstpersönlich abgetastet. Zur Belohnung für die lange Wartezeit darf man sich ein bedrucktes Pappschild aussuchen. Zur Auswahl stehen neben dem Klassiker «Make America great again» verschiedene Slogans wie «Make America safe again» («Mach Amerika wieder sicher») oder «Make America proud again» («Mach Amerika wieder stolz»). Mike entscheidet sich für «Buy American, Hire American» («Kaufe amerikanisch, stelle amerikanisch ein»). Als er dann noch einen Klappstuhl in der dritten Reihe mittig vor dem Rednerpult erobert, jubelt er, als hätte er gerade im Lotto gewonnen. Auch eine Gruppe von Hausfrauen, die aus Ohio angereist ist, kann ihr Glück kaum fassen. Stolz und synchron reißen sie die Arme mit ihren pink «Women for Trump»(«Frauen für Trump»)-Schildern in die Höhe.

Dann beginnt das Vorprogramm. Ein Prediger dankt dem Präsidenten dafür, dass er es ermöglicht habe, «endlich wieder den Namen Jesus aussprechen zu dürfen, ohne sich schämen zu müssen». Eine perfide Anspielung auf Barack Obama, über den viele von Trumps Anhängern immer wieder behauptet haben, er sei ein Muslim. In Wirklichkeit ist Obama Christ und regelmäßiger Kirchgänger. Im Anschluss tritt ein Kriegsversehrter auf und dankt Trump im Voraus dafür, dass er die Rate von 20 Selbstmorden durch Veteranen pro Tag senken werde. Ein blindes Kind singt die Nationalhymne. Die Bühne ist bereitet für den Auftritt des Präsidenten.

Er kommt hinter einer gigantischen amerikanischen Fahne hervor und läuft etwa fünfzig Meter bis zum Rednerpult, an dem kurz zuvor das Siegel des Präsidenten angebracht wurde. Rund 20 000 Menschen bejubeln Trump wie einen Popstar. «Wir sind hier im Herzland Amerikas, und es gibt keinen Ort, an dem ich heute Abend lieber wäre als hier mit euch», sagt Trump.

Vermutlich meint er das durchaus ernst. Denn seine Mitarbeiter im Weißen Haus haben durchblicken lassen, dass der Chef regelmäßig ein solches Bad in der Menge braucht. Denn er mag Washington nicht, und Washington mag ihn nicht. In der Hauptstadt haben 95 Prozent Hillary Clinton gewählt. Der Kongress hört trotz republikanischer Mehrheit nicht auf Trumps Kommando. Und von der kritischen Hauptstadtpresse fühlt er sich geradezu umzingelt. In Kentucky hingegen sieht sich Trump geliebt. Bei der Präsidentschaftswahl schlug er Hillary Clinton hier mit rund 30 Prozentpunkten Vorsprung. Seit 1960 konnten Kentucky für die Demokraten nur die beiden aus den Südstaaten stammenden Kandidaten Jimmy Carter und Bill Clinton gewinnen. Der Staat ist traditionell eine Hochburg der Republikaner. Kentucky ist stark von der Landwirtschaft geprägt und trägt den Beinamen Bluegrass State, weil von März bis April die Grasweiden blaugrün blühen. Kein anderer US-Bundesstaat exportiert so viele Rinder wie Kentucky. Auch für die Pferdezucht ist der Staat berühmt. Das Kentucky Derby an jedem ersten Samstag im Mai ist nicht nur ein sportliches, sondern auch ein wirtschaftliches und kulturelles Großereignis. Neben den Pferden ist Kentucky auch für seinen Whiskey berühmt. 90 Prozent des in der Welt konsumierten Bourbons stammt hierher, zum Beispiel Jim Beam. Früher war auch die Kohle ein wichtiger Wirtschaftszweig. Wie die Hillbillys in West Virginia machen auch viele Menschen in Kentucky Obamas Energiepolitik für den Niedergang der Kohleindustrie verantwortlich. Heimspiel für Donald Trump.

So hetzt der Präsident auch schon gleich zu Beginn seiner Rede gegen das politische Establishment. «Wir werden der politischen Klasse in Washington die Macht wegnehmen und sie euch zurückgeben, dem amerikanischen Volk.» Dass Trump zu diesem Zeitpunkt bereits mehrere Monate im Amt ist und sein Kabinett aus lauter Millionären und Milliardären besteht, scheint keine Rolle zu spielen. Begeistert halten die Menschen Schilder mit dem Schriftzug «Drain the Swamp» («Trockne den Sumpf aus») in die Höhe. Ein weiterer Slogan aus dem Repertoire des Volkstribuns. Dann holt Trump zu einem Rundumschlag gegen seine Vorgänger aus. Irak, Nordkorea? «Ein Chaos, das wir geerbt haben.» Illegale Einwanderung? «Wir werden eine großartige Mauer an der Grenze bauen.» Jetzt tobt die Menge. «USA! USA! USA!», schallt es durch die Halle, laut wie ein Schlachtruf bei einem Eishockeyspiel. Der vermeintliche Gegner Mexiko ist nicht anwesend, um dagegenzuhalten.

Dann widmet Trump sich dem Thema des Abends, der Gesundheitspolitik. «Endlich haben wir die Chance, Obamacare loszuwerden.» Das Gesetz habe 2700 Seiten gehabt, die niemand gelesen und niemand verstanden habe. Dafür seien die Krankenkassenbeiträge förmlich explodiert. «Obamacare ist eine totale Katastrophe, ein Desaster», sagt Trump. «Die Lügenpresse wird euch etwas anderes erzählen, aber es ist ein Desaster. Ein Desaster!» Trump redet sich in Rage, als wolle er die Worte «Obamacare» und «Desaster» in den Synapsen seiner Zuhörer untrennbar miteinander verbinden. Doch eine Alternative zu Obamacare präsentiert er nicht. Nur am Rande erwähnt er, dass seine Gesundheitsreform dazu dienen soll, Steuersenkungen zu finanzieren. Was das für sie selbst konkret bedeutet, geht bei den meisten Zuhörern völlig unter. Direkt nach Trumps Rede frage ich eine Reihe von Leuten stichprobenartig, wie sie versichert sind. Eine Frau, die Trump auf ihrem T-Shirt trägt, ist zwar durch Obamacare erstmals überhaupt krankenversichert, aber dass Trump im Begriff ist, ihr diesen Schutz wieder wegzunehmen, scheint ihr noch nicht ganz klar zu sein. «Er wird Amerika wieder stark machen», wiederholt sie auf jede meiner Fragen, als sei sie einer Gehirnwäsche unterzogen worden.

Vielen in der Halle dürfte es ähnlich ergehen, denn es sind eher einkommensschwache Amerikaner, die gekommen sind, um Trump zu bejubeln. Für mich persönlich lässt sich diese Paradoxie kaum übertreffen: Obwohl Trumps gesundheitspolitische Pläne den meisten hier wahrscheinlich schaden werden, feiern sie ihn als ihren Helden. Einen wohl eher ungewollten Moment der Ehrlichkeit bietet nur die Musikauswahl des Präsidenten für das Ende seines Auftritts: «You can't always get what you want» («Du kannst nicht immer kriegen, was du möchtest») von den Rolling Stones dröhnt aus den Lautsprecherboxen.

Wendy Wheeler-Mullins hat Trumps Auftritt in ihrem Heimatstaat nicht einmal im Fernsehen verfolgt. Der Präsident würde nur ihre Ängste verschärfen, Amelias Therapie nicht mehr bezahlen zu können, sagt sie. Ich treffe die beiden in einem Secondhandladen wieder. Amelia geht besonders gerne einkaufen. Und ihre Mutter hat das Gefühl, dass sie ihrer Tochter ein Stück Selbständigkeit ermöglichen kann, wenn sie sich etwas aussuchen darf. Heute zieht es Amelia an das Regal mit den Filmen. Die Familie kann finanziell keine großen Sprünge machen, meistens reicht das Geld nur für den Secondhandladen. Im Gegensatz zu ihren Mitbürgern, die den Präsidenten in der Stadthalle gefeiert haben, glaubt Wendy nicht, dass Trump ihre Situation verbessern wird. Sie befürchtet eher das Gegenteil. «Trump will den Ärmsten ihre Leistungen wegnehmen, um die Reichsten noch mehr entlasten zu können. Wahrscheinlich fehlt es ihm an Mitgefühl, weil er selbst noch nie am Rande der Armut gelebt hat», sagt Wendy. «Wir gehören nicht mal mehr der Mittelklasse an. Für uns ist es schwer, über die Runden zu kommen. Obwohl mein Mann Vollzeit arbeitet und viele Überstunden macht, leben wir wirklich in harten Zeiten.»

Träumen, sagt Wendy, würde sie schon lange nicht mehr. Sie sei schon glücklich, wenn ein Arzt Amelia als Patientin annimmt, obwohl ihr Versicherungsschutz dafür eigentlich nicht reicht.

Aufstand im Silicon Valley

Was wird aus dem Einwanderungsland Amerika?

Das Erste, was an Omid Scheybani auffällt, ist sein fränkischer Akzent. Der Sohn iranischer Eltern ist in der Nähe von Nürnberg zur Welt gekommen und dort aufgewachsen. «Herrrzlich willkommen in Stanforrrd!» Seine Begrüßung bietet gleich zwei Gelegenheiten, in schönstem Fränkisch das R rollen zu hören. Omid und ich treffen uns auf dem Campus der Stanford University in Kalifornien. Sie liegt idyllisch inmitten der Hügel des Silicon Valley. In diesem Tal lebt der moderne amerikanische Gründergeist. Tech-Giganten wie Google und Facebook sind hier entstanden. Stanford gilt als Kaderschmiede für die Hightech-Unternehmer und Manager von morgen. Die Gründer von Google, LinkedIn, Snapchat und Netflix haben ihr Handwerk an der Elite-Universität gelernt. Auch die Vorstandsvorsitzende von Yahoo hätte man vor einigen Jahren noch in der Mensa treffen können.

Aus aller Welt kommen die Studentinnen und Studenten hierher. Omid ist dafür ein Musterbeispiel. Er spricht sechs Sprachen, gerade lernt er Mandarin. Mit Anfang 30 hat er bereits 41 Länder bereist. Seine iranischen Eltern erzogen ihn zwar im Geist muslimischer Traditionen, aber gleichzeitig ließen sie ihn am christlichen Religionsunterricht teilnehmen. Ganz oben auf dem Wertekanon standen Bildung und Benehmen. Das Wort «geil» war bei den Scheybanis verboten. Heute fühlt Omid sich weder ganz als Iraner noch ganz als Deutscher. Er sieht sich als Weltbürger. Unter den Kommilitonen aus aller Welt bewegt er sich wie ein Fisch im Wasser. Während wir draußen vor der Kantine in der kalifornischen Mittagssonne Kaffee trinken, kommen immer wieder Studienfreunde an unseren Tisch, um kurz «Hi» zu sagen. Mal plaudert Omid in akzentfreiem Englisch, mal auf Chinesisch. Es ist nicht unwahrscheinlich, dass einem einige Gesichter irgendwann wiederbegegnen werden, etwa auf der Titelseite eines Wirtschaftsmagazins.

Große Unternehmen wie Apple nehmen Talente oft unter Vertrag, bevor sie überhaupt ihren Abschluss in der Tasche haben. Auch Omid kann schon zwei Jahre Berufserfahrung bei Google vorweisen. Bald macht er seinen Master in «Online-Unternehmertum». Wenn nicht noch etwas richtig schiefgeht, steht ihm eine goldene Zukunft offen. «Der amerikanische Traum hat mich vor sieben Jahren hierhergeführt, und ich habe ihn auch wirklich gelebt. Ich habe bei einem guten Unternehmen gearbeitet, gehe zu einer guten Universität. Ich habe meine Zukunft in den USA gesehen», sagt er.

Doch Donald Trump hat Omid unsanft aus seinem amerikanischen Traum geweckt. Seitdem Trump kurz nach seinem Amtsantritt ein Einreiseverbot für Menschen aus sieben mehrheitlich muslimischen Ländern verkündete, hat sich Omids Leben schlagartig verändert. Denn auch der Iran befand sich auf Trumps roter Liste. «Ich wache jeden Morgen auf und habe das Gefühl, in einem Land zu sein, dass ich überhaupt nicht mehr wiedererkenne. Ich fühle mich unerwünscht, herabgestuft als Mensch zweiter Klasse.»

Omid hat zwar neben der iranischen auch die deutsche Staatsbürgerschaft. Außerdem ist er im Besitz einer unbefristeten Aufenthalts- und Arbeitsgenehmigung, der Green Card. Doch in den ersten Tagen, nachdem Trump mit einem präsidialen Erlass sein Einreiseverbot in Kraft gesetzt hatte, wussten selbst viele Sicherheitsbeamte an den Flughäfen nicht genau, wen sie überhaupt noch ins Land lassen durften. «Ich habe alle Reisen abgesagt, weil ich nicht wusste, ob ich danach wieder in die USA einreisen darf», erzählt Omid. «Plötzlich war da eine große Ungewissheit.» Das Land der unbegrenzten Möglichkeiten, plötzlich ein goldener Käfig.

Nach einiger Zeit stellte sich heraus, dass Omid wegen seiner deutschen Staatsbürgerschaft und der Green Card weiter nach Amerika reisen und im Land blieben darf. Seine Eltern aber durften ihn nicht mehr besuchen. Omids makelloses Amerika-Bild war beschädigt. «Für mich hatten sich die USA immer wie Heimat angefühlt. Ich habe mich nie als Immigrant betrachtet. Das hat sich jetzt geändert. Auf einmal stellen Menschen mit derselben Herkunft wie ich angeblich ein Sicherheitsrisiko für dieses Land dar.

Das ist schrecklich.» Omid hat zwar nie im Geburtsland seiner Eltern gelebt. Doch er legt Wert darauf, die Ehre des Irans zu verteidigen. «Keine einzige terroristische Attacke in den USA in den letzten Jahren wurde von Iranern verübt. Die Iraner in den USA gehören zu den am besten integrierten und am höchsten gebildeten Immigranten hier.» Während wir über Trump sprechen, verfliegt Omids kalifornische Gelassenheit.

Das Gefühl, ungerecht behandelt zu werden, macht ihn wütend. Um sich Luft zu machen, nimmt Omid an einer Demonstration im Stadtzentrum von Palo Alto teil, dem Nachbarort von Stanford. Das Motto lautet «Steh auf, Technologiebranche!». Einige tausend Menschen sind gekommen, viele haben eigene Plakate gemalt. Auf einem ist Donald Trump mit zugeklebtem Mund zu sehen. Ein anderer hat seine Botschaft an den Präsidenten in großen Lettern auf ein Schild geschrieben: «Du liebst es zu twittern? Ohne Immigranten würde Twitter nicht funktionieren.» Omid hätte bis vor kurzem nicht gedacht, dass er mal regelmäßig auf Demos gehen würde. Doch er hofft, dass der Protest im fernen Weißen Haus wahrgenommen wird. Außerdem findet er hier Trost. «Es ist sehr schön, dass es nicht nur andere Immigranten sind, die auf die Straße gehen. Viele Amerikaner schließen sich diesem Widerstand an und äußern zusammen mit den Immigranten ihre Unzufriedenheit gegenüber der Regierung. Das macht mir viel Mut.»

Aber Omid ist auch schockiert darüber, wie viele Amerikaner Trumps Politik grundsätzlich unterstützen. Inzwischen überlegt er, ob er sein berufliches Glück nicht besser in Europa, Lateinamerika oder Asien suchen sollte. «Ich frage mich, ob es sich weiterhin lohnt, in den USA zu bleiben. Ob ich es mir selbst gegenüber vertreten kann, weiterhin in diesem Land zu leben. Oder ob ich nicht besser in einem anderen Land versuchen sollte, meinen Beitrag zu leisten.» Viele seiner Kommilitonen hegen ähnliche Gedanken, weiß Omid. Es dürften Tausende hochgebildete und extrem motivierte junge Menschen sein, die Amerika den Rücken zuwenden könnten, weil sie sich wegen ihres Glaubens oder ihrer Herkunft nicht mehr willkommen fühlen. Weil sie nicht als «Sicherheitsrisiko» abgestempelt werden wollen, könnte es sie in andere Teile der Welt ziehen, statt ihr geistiges Kapital den USA zur Verfügung zu stellen.

Auch deshalb probt das Silicon Valley den Aufstand. Indessen ist die Stimmung auf der Demonstration unaufgeregt, friedlich. Es gibt keine lauten Sprechchöre oder Trillerpfeifen-Konzerte, wie man sie bisweilen in Deutschland kennt. Konzentriert hört die Menge den insgesamt 28 Rednern zu, die der Reihe nach auf eine kleine Bühne treten. Große Unternehmen wie Facebook haben eher unbekannte Repräsentanten geschickt. Für kleinere Unternehmen spricht meistens der Gründer selbst. Jason Johnson hat sich mit seiner Firma «August» auf die Entwicklung von Türschlössern spezialisiert, die mit dem Smartphone programmiert und ferngesteuert werden. Jemandem einen richtigen Schlüssel wieder wegzunehmen sei oft schwierig. Per App gelinge dies dem Hausherrn in Sekundenschnelle.

Johnson sieht mit seiner Designer-Sonnenbrille nicht gerade aus wie jemand, der in seiner Freizeit auf Demonstrationen spricht. Aber durch Trumps Einwanderungspolitik sieht er sein Unternehmen existenziell bedroht. «Diese Politik begrenzt unsere Wachstumschancen und unsere Innovationskraft. Viele meiner besten Angestellten kommen aus anderen Ländern. Alles, was uns daran hindert, die besten und klügsten Köpfe der Welt zu gewinnen, schadet diesem Unternehmen.»

Obwohl Trump selbst als Unternehmer bekannt geworden ist, hat Jason nicht allzu viel Hoffnung, dass der Präsident die Sorgen der Unternehmen im Silicon Valley verstehen wird. «Ich bin besorgt. Denn ein Unternehmen zu führen und ein Land zu führen sind zwei völlig unterschiedliche Dinge. In der Politik musst du Kompromisse eingehen, du musst mit Menschen arbeiten, die andere Ansichten haben. Doch ich befürchte, diese Regierung schafft ein Klima, in dem nicht mit Leuten zusammengearbeitet wird, die anderer Meinung sind.»

Veranstalter der Demonstration ist eine Initiative um Anne Devereux. Sie hat mehrere sehr erfolgreiche Startups gegründet und gilt als eine der Vorzeige-Unternehmerinnen des Silicon Valley. Ihren Bekanntheitsgrad will sie nutzen, um ihre Botschaft zu verbreiten. «Es ist ein großer Fehler, diejenigen auszuschließen, die uns am meisten geholfen haben. Ohne Immigranten hätten wir keine Unternehmen wie Apple. Die Macher sind Kinder von Einwanderern oder selbst Einwanderer. Mit dieser Politik schaden wir nur uns selbst.»

Tatsächlich hatte Steve Jobs, der verstorbene Apple-Gründer, syrische Wurzeln. Sein Vater, Abdulfattah John Jandali, stammt aus der inzwischen zerstörten syrischen Stadt Homs und kam in den 1950er Jahren als Einwanderer in die USA. Sergey Brin, einer der Google-Gründer, war als Sechsjähriger mit seiner Familie aus der Sowjetunion nach Amerika geflohen. Der milliardenschwere Google-Guru zeigte höchstpersönlich auf einer Demonstration gegen Trumps Einreiseverbot am Flughafen von San Francisco Flagge.

Die Kombination von Köpfen aus aller Herren Länder lässt Ideen entstehen, die die Welt verändern können. Der wirtschaftliche Wert von Immigranten für das Silicon Valley lässt sich sogar beziffern. Mehr als die Hälfte aller Start-ups, die einen Unternehmenswert von mehr als einer Milliarde erreichten, wurden von Einwanderern gegründet. Und der Erfolg von Einwanderern beschränkt sich nicht nur auf die Hightech-Industrie. Laut dem Magazin *Fortune* hatten 2016 knapp die Hälfte der 500 größten an der Börse notierten US-Unternehmen wenigstens einen Gründer, der in die USA eingewandert oder das Kind von Immigranten ist. Diese Firmen erzielten allein im Jahr 2014 Umsätze in Höhe von 4,8 Billionen Dollar und beschäftigten weltweit 18,9 Millionen Menschen.

Und nicht nur aus dem Ausland stammende Gründer sind relevant für die amerikanischen Top-Unternehmen, das gilt auch für die Arbeitnehmer. Allein bei Facebook arbeiten 15 Prozent aller Angestellten mit einem sogenannten H1B-Visum. Damit dürfen hoch qualifizierte Kräfte aus dem Ausland vorübergehend in den USA arbeiten. Im Silicon Valley geht die Angst um, dass Präsident Trump das H1B-Visum abschaffen könnte. Der Präsident, der sich selbst als großen «Dealmaker» betrachtet, könnte mit seiner Einwanderungspolitik für die Wirtschaftsnation Amerika einen verdammt schlechten Deal machen.

Die Wirtschaftsmacht USA ist und bleibt eine Einwanderernation. Die Vereinigten Staaten haben laut Bundeszentrale für politische Bildung «die größte Einwandererbevölkerung der Welt. 2015 lebten etwa 43 Millionen Menschen in den USA, die zum Zeitpunkt ihrer Geburt nicht die US-Staatsbürgerschaft besaßen. Der amerikanischen Statistikbehörde zufolge wird im Jahr 2060 jeder fünfte Einwohner der USA zu dieser Bevölkerungsgruppe zählen.»

Rund eine Million Menschen haben 2015 nach Angaben des Heimatschutzministeriums eine dauerhafte Aufenthaltserlaubnis in den USA erhalten. Nicht amerikanischen Staatsbürgern kann auf drei Wegen dauerhaft Aufenthalt im Land gewährt werden: als Familienzusammenführung, als arbeitsmarktorientierte Einwanderung und als Fall humanitärer Hilfe. Permanente Einwanderer, das sind die Inhaber einer Green Card, genießen viele Rechte in den USA: Sie können unbefristet im Land wohnen und arbeiten, Eigentum erwerben, öffentliche Schulen und Hochschulen besuchen, zum Militär gehen und die US-Staatsbürgerschaft beantragen.

Die Regierung Obama hatte die Zuwanderung darüber hinaus weiter ermutigt, zum Beispiel durch ein

Programm, um qualifizierte ausländische Arbeitskräfte anzuwerben. Es erleichterte die Visumerteilung an Ausländer, die in den USA investieren oder einer Ausbildung an einem College oder einer Universität in den Bereichen Naturwissenschaften, Technologie, Ingenieurwesen und Mathematik nachgehen wollten, wie Casey Tran von der Bundeszentrale für politische Bildung erklärt. «2016 schob Obama außerdem ein ‹Start-up-Visum› an, das sich an zuwandernde Unternehmer richtete und die wirtschaftliche Entwicklung sowie die Schaffung von Arbeitsplätzen in den USA fördern sollte.»

Mit seiner Abkehr von Obamas Philosophie in der Einwanderungspolitik beunruhigt Trump nicht nur die Hightech-Industrie, sondern auch einen beträchtlichen Teil der amerikanischen Gesellschaft. Laut einer Studie des amerikanischen Psychologenverbandes empfinden sechs von zehn Amerikanern wegen der politischen Rahmenbedingungen «erheblichen Stress». Erhoben wurde die Studie rund fünf Wochen nach Trumps Amtsantritt. Anne Devereux, die Organisatorin der Demo im Silicon Valley, hält diese Zahlen weiterhin für sehr realistisch. Sie hat eine App für Menschen mit psychischen Problemen entwickelt. Sie lädt mich in die Büroräume ihres neuesten Unternehmens ein, um mir das Prinzip der App vorzuführen. Die Benutzer werden online regelmäßig nach ihrem psychischen Befinden gefragt. Statt einen Psychiater aufzusuchen, können sie sich per Chat oder Telefonat betreuen lassen. Psychologinnen und Psychologen, die von Anne Devereux angestellt wurden, führen die Gespräche mit den Kunden in gläsernen und schalldichten Telefonzellen. Wer mit seinem Klienten chattet, lässt sich dafür auf einem bequemen Lounge-Möbel nieder.

Seit dem Amtsantritt von Präsident Trump erkennen die Mitarbeiter eine deutliche Entwicklung. «Wir hören, dass viele Menschen wegen der ungewissen Zukunft Stress empfinden», sagt Anne Devereux. «Die Leute wissen nicht mehr, ob das, was der Präsident sagt, hinterher zurückgenommen werden muss oder nicht. Man weiß nicht mehr, was Realität ist, weil so viele Äußerungen gemacht werden, die mal Bestand haben und mal nicht.» Ihr Betreuungs-Team hat festgestellt, dass die Menschen nicht von abstrakten Ängsten geplagt werden, sondern sehr konkrete Sorgen haben. «Der Stress entsteht etwa, weil Frauen, die dachten, Fortschritte zu machen, sich plötzlich einer fast komplett männlichen, weißen Regierung gegenübersehen. Oder weil Menschen, die sich als Amerikaner fühlten, eine Green Card hatten, sogar hier geboren wurden, plötzlich nicht mehr als Amerikaner, sondern als Bürger zweiter Klasse betrachtet werden. Der Stress hat insgesamt dramatisch zugenommen.»

Sogar in ihrer eigenen Familie bekommt Anne das zu spüren. Der Lebensgefährte ihrer erwachsenen Tochter kam als Vierjähriger mit seinen Eltern illegal aus Mexiko in die USA. Inzwischen studiert er, führt ein glückliches Leben. Er ist ein sogenannter «Dreamer» («Träumer»). Doch was romantisch klingt, ist in Wirklichkeit die Bezeichnung für einen Aufenthaltsstatus, durch den ihm jetzt die Abschiebung droht. Denn Donald Trump hat im

September 2017 die Beendigung einer von seinem Vorgänger Barack Obama erlassenen Regelung angeordnet. Sie schützte bestimmte illegale Einwanderer, die bereits als Minderjährige in die USA gekommen waren, vor der Abschiebung. Obama hatte dieses DACA genannte Programm 2012 erlassen, weil er seine Reform der Einwanderungsgesetzgebung im Kongress nicht hatte durchsetzen können. Präsident Trump beendete DACA mit der Begründung, er wolle «sichere Gemeinden» und «wirtschaftliche Gerechtigkeit» für alle Amerikaner. Kritik, den amerikanischen Traum junger Menschen zu zerstören, ebender «Dreamer», die oft ohne eigenes Zutun und unter schicksalhaften Umständen in die USA gekommen sind, wies er zurück. «Wir müssen auch ein Herz und Mitgefühl für arbeitslose, strampelnde und vergessene Amerikaner haben», erklärte Trump. Bei seiner Wählerbasis kommen solche Sätze bestens an. Der Präsident forderte den Kongress auf, einen Ersatz für die Regelung auszuarbeiten. Sollte es keine andere Lösung geben, droht etwa 800 000 «Dreamers» die Abschiebung.

Wie schon bei Trumps Einreiseverbot ließ auch nach dem Ende von DACA der Aufschrei aus dem Silcon Valley nicht lange auf sich warten. Die Gründer des Unterkunftvermittlungsportals Airbnb schrieben in einem Statement, sie hätten ihr Unternehmen in dem Geiste gegründet, «dass unser Leben und unsere Welt besser sind, wenn wir uns akzeptieren. Dabei geht es nicht nur um wirtschaftliche Werte. Es geht um die Werte, die Amerika ausgemacht haben und auch in Zukunft ausmachen sollten.» Facebook-Gründer Mark Zuckerberg forderte den US-Kongress in einem offenen Brief auf, «in einem überparteilichen Akt einen Weg zu finden, der den Träumern einen Weg zur Staatsbürgerschaft eröffnet». Mehr als 500 Unternehmenslenker unterzeichneten den Brief. Auch die Bosse von Amazon, YouTube, Google, Microsoft und Apple kritisierten Trump öffentlich. Allein bei Apple arbeiten 200 Dreamer.

Apple-Mitgründer Steve Wozniak hat an der University of California in Berkeley studiert. Berkeley ist neben Stanford die zweite weltbekannte Elite-Universität in Kalifornien. Doch allein wegen Trumps Einwanderungspolitik könnte es für manche hochtalentierte Studentinnen und Studenten schwer werden, in die Fußstapfen berühmter Absolventen wie Wozniak zu treten. Die 22-jährige Kimberly Schwartz etwa hat gerade ihr Studium in Berkeley beendet und einen Arbeitsvertrag für ihren Traumjob bei Apple unterschrieben. Nur eine Woche später beendete Trump das DACA-Programm. Plötzlich ist unklar, ob Kimberly überhaupt im Land bleiben darf. Sie war drei, als ihre Eltern vor den Drogengangs im mexikanischen Sinaloa in die USA flohen.

Fälle wie der von Kimberly lassen auch viele in den USA geborene Studenten an ihrem Amerika-Bild zweifeln. Das spüre ich ganz direkt, als ich auf Einladung des American Council on Germany einen Gastvortrag an der Universität in Berkeley halte. Eigentlich geht es um die deutsch-amerikanischen Beziehungen. Im Anschluss an den Vortrag werden mir viele tiefsinnige Fragen gestellt. Als sich die

Zeit dem Ende entgegenneigt, bitte ich, den Spieß umdrehen und den Studenten meinerseits eine Frage stellen zu dürfen. In Berkeley gelten Studierende traditionell als Freigeister. Ihre Universität avancierte in den 1960er Jahren zur Speerspitze der Studentenbewegung. Hier wurde das «Free Speech Movement» gegründet, das sich für die Redefreiheit einsetzte. Wo, wenn nicht bei den hochbegabten Studenten in Berkeley, soll ich offene und kluge Antworten auf die Frage erhalten, die mich immer und überall bewegt?

«Glaubt ihr persönlich noch an den amerikanischen Traum?» Es dauert eine Weile, bis der erste Finger in die Höhe geht. Ich blicke in nachdenkliche Gesichter. Die Frage wird sehr ernst genommen. «Ich glaube nicht», antwortet ein junger Mann etwas zögerlich, als habe er Angst, sich an seinem Vaterland zu versündigen. «Selbst wenn man hart arbeitet, wird es immer schwieriger, sich aus bescheidenen Verhältnissen hochzuarbeiten, sich den Traum eines Eigenheims und eines eigenen Autos zu erfüllen. Die Mittelklasse schrumpft, und ich weiß nicht, wer diese Entwicklung stoppen soll.»

«Der amerikanische Traum existiert nur noch für weiße Männer», wirft eine junge Frau aus der letzten Reihe in den Raum. «Meine Familie ist aus Mexiko in die USA gekommen, um ein besseres Leben zu finden. Das hat auch funktioniert. Aber Trump tötet den Traum langsam», sagt eine andere junge Frau. «Bei allen Fehlern, die dieses Land hat – es ist immer noch das freieste Land der Welt. Die Menschen zieht es immer noch nach Amerika», widerspricht ein Kommilitone. «Der Traum macht nur eine Pause, bis Trump weg ist», sagt ein anderer junger Mann und ringt sich ein Lächeln ab.

Einige Zeit nach meinen Reisen nach Kalifornien frage ich mich, ob sich der deutsch-iranische Weltbürger Omid Scheybani für oder gegen Amerika entschieden hat. Google ist ein schneller Helfer, auf Omids Webseite finde ich eine Antwort. In einem Blogeintrag verabschiedet er sich von seinen amerikanischen Freunden. Wenige Tage nach der Verleihung seines Abschlusszeugnisses in Stanford hat er seine Sachen gepackt und sich auf den Weg nach China gemacht. Die beiden «Rs», die der amerikanische Traum zu bieten hat, rollen wohl so schnell nicht mehr über Omids Lippen. Ausgeträumt.

Die versinkende Insel

Wie Alaska vom Klimawandel getroffen wird

Jedes Mal, wenn ich zu einer Reise in einen entlegenen Winkel Amerikas aufbreche, ergreift mich Abenteuerlust und Neugier auf das Unbekannte. Dieses Mal ist es anders. Ich spüre eine gewisse Beklemmung, als ich ins Flugzeug steige. Denn mein Ziel ist eine Insel in Alaska, die im wahrsten Sinne des Wortes dem Untergang geweiht ist. 600 Eskimos leben dort, und ich möchte erfahren, wie sie damit umgehen, dass nicht nur ihre Kultur, sondern auch ihr Leben bedroht ist.

Rund zwölf reine Flugstunden dauert es, um von Washington, D.C., auf die Insel in Alaska zu gelangen. Sechs Stunden nach Seattle, von dort aus dreieinhalb Stunden bis nach Anchorage, eineinhalb weitere Stunden bis nach Nome. Dort steigen wir in eine kleine, ziemlich klapprige Propellermaschine um. Diese letzte Etappe dauert lange 35 Minuten. Kein einziger Hinweis auf Zivilisation lässt sich dort unten am Boden entdecken. Keine Häuser, keine Straßen, nicht einmal Bäume. Nur eine schier unendliche grün-braune Weite aus Moosen und Gräsern.

Dann wird alles blau. Aber welches Meer sehen wir da eigentlich? Es wäre nicht ganz richtig, einfach vom Arktischen Ozean zu sprechen, erklärt mir der Pilot. Unser Ziel liegt direkt an der Tschuktschensee, einem Rand des Nordpolarmeeres. Im Westen befindet sich die Beringstraße, jene Meerenge zwischen den Kontinenten Asien und Amerika, die den Arktischen Ozean mit dem Pazifik verbindet. Geographisch befinden wir uns 35 Kilometer vom Polarkreis und 150 Kilometer von Russland entfernt. Zuvor habe ich mich nie gefragt, wo eigentlich das Ende der Welt liegt. Aber plötzlich glaube ich, es gefunden zu haben.

Inmitten der Tschuktschensee taucht sie plötzlich auf, die Insel Sarichef. Sie beherbergt einen einzigen Ort namens Shishmaref. Im Landeanflug werden die ersten Häuser sichtbar. Die Dächer aus Wellblech. Es sind mehr Hütten als Häuser. Wie von einem betrunkenen Spieler aus dem Becher gewürfelt liegen sie da. Achtlos greift ein Windstoß nach unserer Propellermaschine und wirft sie gefährlich seitlich auf die Landebahn. Zum ersten Mal bekomme ich zu spüren, dass die Natur sich für ein Kräftemessen mit dem Menschen genau diesen Ort ausgesucht hat. Der Flughafen besteht aus einer einzigen Blechhütte in der Größe einer Scheune. Gepäckbänder gibt es nicht. Der Koffer wird direkt nach der Landung aus der Maschine gehoben und dem Fluggast noch auf dem Rollfeld vor die Füße gestellt.

Den Mann ausfindig zu machen, für den ich hergekommen bin, ist nicht schwer. Esau Sinnok ist außer dem Piloten und einigen Gepäckträgern die einzige Person am Flughafen. «Willkommen in Shishmaref», sagt Esau. Er lächelt herzlich und streckt mir die Hand entgegen. Der junge Mann hat kurze schwarze Haare, wache braune Augen und ist der erste Eskimo, den ich in meinem Leben persönlich kennenlernen darf. Er gehört dem Stamm der Inupiat an. In Deutschland heißt es oft, der Begriff «Eskimo» sei politisch nicht korrekt, doch Esau bezeichnet sich selbst so, voller Stolz.

Esau deutet auf sein Quad, ein kleines Geländefahrzeug mit vier dicken Reifen. Das Gefährt hat nur einen Sitz für den Fahrer, also nehme ich hinten auf der kleinen Ladefläche Platz. Wir knattern mit dem Quad über Sandwege. Autos gibt es hier fast keine. Erst nach einigen Minuten erreichen wir die erste von zwei asphaltierten Straßen, die erst vor einigen Jahren angelegt wurden. Meine Frage, warum man auf einer Insel ohne Zukunft überhaupt noch baut, hebe ich mir besser für später auf. Bis auf die Grußformel haben Esau und ich noch nicht viele Worte gewechselt. Esau ist erst neunzehn, aber bereits der berühmteste Sohn von Shishmaref. Als Umweltaktivist macht er auf das drohende Schicksal seiner Heimatinsel aufmerksam.

Regen klatscht uns ins Gesicht, als wir den Strand erreichen. Statt Sonnenschirmen stecken rostige Autoteile im Sand. Das Wasser ist noch einige Farbtöne grauer als der Himmel. «Ist das Meer dein Freund oder dein Feind?», frage ich Esau. «Beides», entgegnet er. «Wir brauchen es, um mit unserer traditionellen Lebensweise zu überleben. Wir fischen. Wir jagen auf dem zugefrorenen Meer Walrosse und Seehunde. Aber gleichzeitig steigt der Meeresspiegel. Sturmfluten überschwemmen Shishmaref. Durch

Stürme und Erosion verliert unsere Insel jedes Jahr mehrere Meter Fläche.» Esau zeigt auf eine Anhöhe am Meeresufer. Außer einer wild wuchernden Wiese ist nichts zu entdecken. «Dort standen früher zwei Häuser, beide sind ins Meer gestürzt. Danach wurden 19 Häuser auf einen anderen Teil der Insel umgesiedelt.» Nur ein einziges Haus steht hier noch nah am Meer, gebaut aus Holz. Schutzlos, trotzig und geheimnisvoll liegt es da. Es erinnert mich an ein Gemälde Edward Hoppers. Es ist Esaus Elternhaus. «Eines Nachts wurden wir wach, weil die Wellen aufs Dach schlugen. Wir packten die wichtigsten Sachen und rannten raus. Wir hatten Angst um unser Leben.»

In dieser Nacht hatten Esau und seine Familie Glück. Aber die Frage ist nicht mehr, ob, sondern wann das Haus im Meer versinken wird – und mit ihm die ganze Insel. Esau selbst zitiert Studien, die besagen, dass Shishmaref schon in dreißig bis vierzig Jahren nicht mehr bewohnbar sein wird. «Es ist wirklich traurig, dass mein Zuhause wegen des Klimawandels bald unter Wasser sein wird, dass ich hier nicht mehr werde leben können.» Die dramatischen Folgen des Klimawandels sind wohl nirgendwo so deutlich zu spüren wie in der Arktis. Alaska erwärmt sich dreimal so schnell wie der Rest Amerikas.

Mit einer Kopfbewegung deutet Esau an, dass es Zeit ist, hineinzugehen. Esaus Großvater holt gerade Wasser aus einer Regentonne, um Tee aufzusetzen. Auch er schenkt mir zur Begrüßung ein herzliches Lächeln. Vor dem Küchenfenster rauscht das Meer, die Bedrohung ist gegenwärtig. Der Großvater möchte sich nicht mit dem Tee helfen lassen. So frage ich Esau, ob er mir sein Zimmer zeigen würde. Denn die Dinge, mit denen ein Mensch sich in seinem privatesten Raum umgibt, erzählen manchmal mehr als tausend Worte. Ohne jedes Zögern willigt Esau ein. Neben einigen Postern von Basketballspielern fallen mir mehrere Fotos eines Mannes auf. Er hat breite Schultern, hinter seinem entschlossenen Blick scheint eine große Wärme in seinen Augen durch. Der Mann ist Esaus Onkel Norman. «An einem Junitag war er mit seinem Schneemobil aufgebrochen, um auf der zugefrorenen Tschuktschensee Enten zu jagen. Plötzlich brach er im Eis ein. Das Eis war an dieser Stelle immer dick genug gewesen. Doch in diesem Jahr war es geschmolzen. Onkel Norman ist wegen des Klimawandels ertrunken», sagt Esau. «Er war für mich ein Vaterersatz.» Schweigend schauen wir uns an. «Auch mein Vater ist sehr plötzlich gestorben», möchte ich ihm sagen, aber ich muss das Schweigen gar nicht brechen. Esau scheint zu spüren, dass ich nachvollziehen kann, wie es sich anfühlt, seinen geliebten Vater vor der Zeit zu verlieren.

Esau nimmt ein gerahmtes Foto seines Onkels aus dem Regal und hält es in den Händen. Norman sei ein herausragender Jäger, Angler und Versorger gewesen, der seine Beute immer großzügig mit den Gemeindemitgliedern geteilt habe. «Er hat die Herzen der Menschen erleuchtet.» Esau nimmt sich viel Zeit für die Wahl seiner Worte. Wie ein Maler für die Pinselstriche eines bedeutsamen Porträts. «Sein Tod hat in mir den Wunsch geweckt, ein Umweltkrieger zu werden.»

Seinen Kampf für die Umwelt führt Esau sehr erfolgreich, wie eine Weihnachtskarte in der Wohnzimmerschrankwand beweist. Der damalige Präsident Barack Obama dankt Esau für sein Engagement. Als Jugendbotschafter der Arktis hatte Esau 2016 bei einer Konferenz im Weißen Haus eine Rede über die Folgen des Klimawandels für Shishmaref gehalten. Wie es war, im Weißen Haus zu sprechen? «Ziemlich cool.» Dabei lacht Esau mit der Ehrlichkeit eines jungen Mannes, der sein Glück immer noch nicht ganz fassen kann, aus dem kleinen Shishmaref den Sprung in die große weite Welt geschafft zu haben. Ein Jahr vor der Reise nach Washington war er sogar bei der Pariser Klimakonferenz aufgetreten. Damals hatte Esau zum ersten Mal die USA verlassen. Und Paris war die erste Großstadt, in der er je war. Millionen Menschen auf engstem Raum, Autolärm, ein Meer aus künstlichen Lichtern. Kulturschock. Doch am Ende der Konferenz trat Esau die weite Heimreise nach Alaska mit dem nicht einmal größenwahnsinnigen Gefühl an, ein wenig die Welt verändert zu haben.

Präsident Trumps Ankündigung, das Pariser Klimaabkommen zu kündigen oder neu zu verhandeln, hat Esau schwer getroffen. Eine Weihnachtskarte von Trump, der den Klimawandel schon vor seiner Zeit als Präsident als «Erfindung der Chinesen», um der US-Wirtschaft zu schaden, bezeichnet hatte, würde er ungeöffnet zurückschicken. «Einen Präsidenten zu haben, der den Klimawandel bestreitet, ist schrecklich. In Alaska sind 220 Gemeinden ganz konkret vom Klimawandel betroffen. Und hier in

Shishmaref leben wir direkt an der Frontlinie.» In der Tat: Die Einwohner von Shishmaref könnten die ersten Klimaflüchtlinge der USA werden.

Weil die extremen Wetterbedingungen hier lebensbedrohlich geworden sind, hat das Dorf über eine Umsiedlung aufs Festland abgestimmt. Eine knappe Mehrheit votierte dafür. Auch Esau war für die Umsiedlung. Aber sein Großvater will Shishmaref auf keinen Fall verlassen. «Egal, was passiert. Solange ich atme, werde ich mit Stolz hierbleiben. Ich gehe nirgendwohin. Hier ist meine Heimat, hier bin ich geboren.» Deutlich älter als seine 73 Jahre sieht er aus. Gebückt bewegt er sich von der Küche zum Sofa. Seine Frau sitzt im Rollstuhl. Seit einem Schlaganfall fällt ihr das Sprechen schwer. «Der Tod unseres Sohnes hat uns umgehauen. Alles ist anders seit dem Moment, als die Nachricht kam, dass er im Eis eingebrochen ist.» Wir haben uns schon verabschiedet, als ich mich noch einmal zu Esaus Großvater und seiner Frau umdrehe. Mich lässt eine Frage nicht los, die ich nicht ausspreche. Werden die beiden wirklich gemeinsam auf dem Sofa sitzen bleiben, bis Shishmaref im Meer versinkt?

Auf dem knatternden Quad fährt Esau mich zum Rathaus. Der Weg dorthin ist gepflastert mit Trostlosigkeit. Vor vielen Häusern stapelt sich der Schrott. Hunde werden an kurzen Ketten gehalten, gegen die sie schon lange nicht mehr anrennen. Den Kampf um ein besseres Leben scheinen sie ebenso aufgegeben zu haben wie manche ihrer Besitzer. Eine Gruppe von Männern schlurft am Straßenrand entlang. Die Köpfe gesenkt, in Kapuzen versteckt. Unser

Gruß wird nicht erwidert. Blicke voller Argwohn treffen uns. Zunächst glaube ich, dass sie nur mir gelten, dem Eindringling. Doch auch der Ausbrecher ist gemeint, wie mir erst später klar wird. Die meisten Bewohner Shishmarefs sind in ihrem Leben höchstens bis aufs nächstgelegene Festland gekommen. Esau hingegen hat in jungen Jahren sogar schon einen anderen Kontinent bereist. Sein Leben ist reich an Abwechslung. Und die ist hier rar. In Shishmaref gibt es keine Bar, kein Kino, nicht einmal ein Restaurant. Die einzige Form von kollektiver Unterhaltung soll in der Bingo-Halle stattfinden, die sich direkt neben dem Rathaus befindet.

Weil ich bis zu meinem Termin mit der Bürgermeisterin noch etwas Zeit habe, öffne ich die Tür zur Bingo-Halle. Etwa 50 Männer und Frauen starren stumm auf eine Anzeigetafel. Wie beim Lotto zieht ein Conférencier Kugeln mit aufgedruckten Zahlen aus einer Trommel. Kaum hörbar ruft er diese Zahlen aus. Finden die Teilnehmer die Zahlen auf ihren zuvor gekauften Spielkarten wieder, markieren sie diese mit einem Farbstempel, wie ich ihn zuletzt im Kindergarten gesehen habe. Spannung erkenne ich nicht in den Gesichtern, auch keine Freude. Niemand scheint ernsthaft zu glauben, dass sein Leben sich durch eine glückliche Fügung der Kugeln schlagartig verbessern könnte. Ab und zu erhebt sich jemand von seinem Platz, Geht nach vorne und kauft neue Spielkarten. Auch Rubbellose sind hoch im Kurs. Der Boden ist mit Nieten übersät.

Als ich wieder aufschaue, treffen mich die Blicke. Gerade eben noch völlig in sich selbst versunken, vereinen sie sich plötzlich in der Feindseligkeit mir gegenüber, dem Fremden. Ich fühle mich, als sei ich durch einen blöden Zufall in eine wichtige Sitzung der Tafelrunde hineingestolpert und hätte dabei den Heiligen Gral zerbrochen. Mehrere Spielerinnen und Spieler springen empört auf und stürmen auf mich zu. Höchste Zeit, um die Flucht vor den Bingo-Zombies zu ergreifen.

Im Rathaus begrüßt uns Bürgermeisterin Donna Barr, die sofort durch ihr einnehmendes Wesen auffällt. So sage ich ihr, dass ich mir gut vorstellen kann, warum die Bürger von Shishmaref sie gewählt haben. Sie lächelt ein wenig verschämt. Dann räumt sie freimütig ein, dass außer ihr niemand den Job machen wollte. Aus Pflichtgefühl für die Gemeinschaft habe sie zugesagt, denn schließlich stehe Shishmaref seit der Entscheidung für die Umsiedlung vor der größten Herausforderung seiner Geschichte. Außerdem sieht es die Bürgermeisterin als ihre Aufgabe an, die Risse zu heilen, die seitdem durch viele Familien gehen. So wie Esau wollen meistens die Jungen gehen und die Alten bleiben. Wie zum Trotz haben manche sogar neue Häuser gebaut. «Es ist wirklich traurig, denn eigentlich haben wir einen guten Zusammenhalt im Dorf. Wir gehen gemeinsam durch gute und schlechte Zeiten. Wir feiern Feste zusammen. Aber wir unterstützen uns auch, wenn ein Jäger in einem Schneesturm verloren geht. Dann ist das ganze Dorf auf den Beinen, um ihn zu suchen.»

Auf einer Landkarte zeigt Donna Barr mir den Ort, an dem das neue Shishmaref entstehen soll. Rund zehn Kilometer entfernt von hier, auf dem sicheren Festland.

Die Umsiedlung soll laut offiziellen Schätzungen bis zu 300 Millionen Dollar kosten. Das U.S. Army Corps of Engineers, ein Kommando der US-Armee, das auf Bauingenieurwesen spezialisiert ist, hat in einer Studie belegt, dass Shishmaref pro Jahr mindestens drei Meter an Küstenstreifen verliert. Und eine Studie des amerikanischen Bundesrechnungshofes führt die Schrumpfung der Insel durch Überflutung und Erosion eindeutig auf die globale Erwärmung zurück. Doch die Regierung im fernen Washington hat immer noch keine Finanzhilfen für die Rettung aufs Festland zugesagt. Wahrscheinlich fürchtet man, dass viele weitere vom Klimawandel betroffene Gemeinden Ansprüche erheben könnten, wenn man schon dem kleinen Shishmaref mit 300 Millionen Dollar unter die Arme greift.

Die Bürgermeisterin fühlt sich von Donald Trump im Stich gelassen. «Ich bin auch nicht glücklich mit der Entscheidung unseres Präsidenten, aus dem Pariser Klimaabkommen auszusteigen. Wir sind echte Menschen hier, wir leben unser Leben wie jeder andere auf der Welt. Und für uns ist der Klimawandel real. Er bedroht unsere Tiere, unsere Art zu leben und unsere Häuser.» Donna Barr meint, die Bürger von Shishmaref würden diskriminiert, weil sie Ureinwohner seien. «Wir sind aber nicht nur Eskimos, sondern auch Amerikaner.» Weil man hier als Kind immer noch lerne, die Winde und die Wolken zu lesen und die Tiere zu respektieren, werde man in Washington einfach nicht ernst genommen. Was würde sie Präsident Trump sagen, wenn sie ihm jetzt gegenüberstehen könnte? «Ich würde bestimmt keine Studien zitieren, sondern ihm Fotos zeigen. Von unserer Küste, die vom Meer aufgefressen wird. Von den Häusern, die ins Wasser gestürzt sind. Der Präsident müsste endlich sehen, dass wir echte Menschen sind und wir vom Klimawandel wirklich getroffen werden.»

Doch Präsident Trump verschließt nicht nur die Augen vor den Fakten. Er bekämpft auch jene, die diese Fakten sammeln. Von den Internetseiten der US-Umweltbehörde EPA sind zahlreiche Studien zum Klimawandel gelöscht worden. Zum Chef dieser Umweltbehörde hatte Trump einen Lobbyisten der Öl- und Gasbranche gemacht: Scott Pruitt. Dreizehn Mal hatte er im Auftrag der Industrie gegen die EPA geklagt. Als Chef der Umweltbehörde treibt er nun ihre Abwicklung voran. Das Weiße Haus hatte gefordert, 2,5 Milliarden Dollar Finanzmittel zu streichen. Das entspricht mehr als einem Drittel des Gesamtetats der EPA. Empfindlich getroffen würde davon auch die amerikanische Forschung zum Klimawandel, die maßgeblich aus Töpfen der Umweltbehörde finanziert wird.

Um zu erfahren, was Trumps neue Umweltpolitik konkret für Amerikas Wissenschaftler bedeutet, breche ich von Shishmaref zur nächsten Station meiner Alaska-Reise auf. Es ist ein eigenartiges Gefühl, von einer Insel Abschied zu nehmen, mit der es wohl kein Wiedersehen gibt. Und doch lebt selbst in Shishmaref noch der amerikanische Traum. Er lebt in dem 19-jährigen Esau, der im Angesicht des Albtraums Klimawandel seine Berufung entdeckt hat. Er ist fest entschlossen, irgendwann Gouverneur von Alaska zu werden, weil es Macht braucht, um wirksam für den Umweltschutz zu kämpfen.

Mein nächstes Ziel ist Alaskas Hauptstadt Juneau. Wieder stehen dreieinhalb Stunden reine Flugzeit bevor. Die Wege hier sind weit. Alaska ist flächenmäßig mehr als viermal so groß wie Deutschland, hat allerdings weniger als eine Million Einwohner. In Juneau leben nur rund 30 000 Menschen. Die Stadt liegt direkt an einer Meerenge und ist von einem Gebirgszug umgeben. Deshalb enden alle Straßen irgendwann als Sackgasse. Juneau ist die einzige Hauptstadt eines US-Bundesstaates, die nur per Schiff oder Flugzeug erreicht werden kann. Kaum sind wir in Juneau gelandet, heben wir schon wieder ab. Der Wissenschaftler Eran Hood von der Universität Alaska nimmt uns im Helikopter mit. Wir überfliegen das Juneau-Eisfeld, knapp 4000 Quadratkilometer Gletschergebiet. Die Größe dieser Eislandschaft überfordert meine Augen, die Kunstfertigkeit der Natur meinen Geist. Auf eine Weite aus wilden Zacken folgt eine Fläche, durchzogen von dramatischen Rissen, die immer tiefer werden, immer bedrohlicher wirken. Polarblau strahlt das Schmelzwasser aus den Gletscherspalten. Die Vorahnung der Vergänglichkeit als Gipfel der Schönheit.

Die Landung – wie auf einem anderen Planeten. Die Kufen des Hubschraubers berühren einen Grund, der für die Ewigkeit geschaffen wirkt, aber von uns Menschen mehr den je herausgefordert wird. Die ersten Schritte auf dem Eis klingen wie auf Scherben. Eran Hood hat einen Apparat mitgebracht, der einem Hochdruckreiniger ähnelt. Doch statt Wasser kommt heißer Dampf aus der Öffnung eines langen Rohres. Damit bohrt Eran ein tiefes Loch in das Eis. Das Rohr ist seine Lanze gegen Donald Trumps Leugnung des Klimawandels. Denn mit seinem Messgerät hat Eran herausgefunden, dass das Eis hier oben auf dem Mendenhall-Gletscher jedes Jahr fast zehn Meter an Höhe verliert. In der Fläche hat der Mendenhall-Gletscher sich allein zwischen 2007 und 2015 um 550 Meter zurückgezogen.

Doch im Weißen Haus will man solche Zahlen wohl am liebsten verschwinden lassen. Die von Trump betriebene Kürzung der Fördermittel für Klimaforscher bedroht auch die Arbeit von Eran Hood. «Wenn sie anfangen, die Gelder für die Geowissenschaft zu streichen, wird das große Auswirkungen haben. Wir werden nicht mehr dieselben Möglichkeiten haben, hier oben die Veränderungen des Gletschers zu erforschen», sagt er. Trump versuche nicht nur, seine Forschung zu behindern. Der Präsident habe auch bei vielen Amerikanern erfolgreich Zweifel an der Existenz des Klimawandels gesät. «Die Menschen, die Trump glauben, sind davon überzeugt, dass er die Umweltverordnungen und die Klimawandel-Forschung beschneidet und damit irgendwie die Wirtschaft voranbringt. Das zieht bei Leuten, die einen Job suchen und ihre Familie ernähren müssen.» Eran trägt diese Analyse ohne jede Emotion vor, wie das eindeutige Ergebnis eines Experimentes.

Am Tag darauf will Eran mir veranschaulichen, welche Auswirkungen das Schmelzen des Gletschers auf das Ökosystem hat. Dafür unternehmen wir eine Bootstour. Zunächst zeigt Eran mir einen Fjord mit zwei unterschiedlichen Wasserfarben. Die dem Ufer nahe Seite ist deutlich heller als der Rest, es handelt sich um das Schmelzwasser des Eisfeldes. Es sei zwar kalt und schlammig, aber überraschend reich an Nährstoffen für verschiedene Fischarten, erklärt Eran. Wenn der Gletscher irgendwann nicht mehr existiere, könne das also Konsequenzen für kleine Fische und Krebse haben – das Leibgericht der Könige der Meere.

Wir sind erst eine Viertelstunde unterwegs, als sich direkt vor meinen Augen die riesige Schwanzflosse eines Buckelwals erhebt. Elegant wie eine Feder im Wind schwebt sie über die Wasseroberfläche und taucht völlig geräuschlos wieder ein. So viel Anmut lässt mich verstummen. Zum ersten Mal in meinem Leben sehe ich einen Wal. Plötzlich wird sogar eine ganze Gruppe erkennbar. Und als wollten mir die Buckelwale zu dieser Premiere etwas ganz Besonderes bieten, führen sie ihren faszinierendsten Trick vor. Mit vereinten Kräften bilden sie unter Wasser ein Netz aus Luftblasen, mit dem sie kleine Fische und Krebse an die Wasseroberfläche treiben. Dort sind sie leichte Beute für die Wale, die gemeinschaftlich nach oben steigen, um es sich schmecken zu lassen. Blasennetzjagd wird dieses Naturschauspiel genannt. Wie zur Zugabe springt ein besonders mächtiger Wal wenige Meter von unserem Boot entfernt in die Luft und lässt sich auf dem Rücken wieder ins Meer fallen. Der Koloss ist bis zu 18 Meter lang und bis zu 30 Tonnen schwer. Meterhoch spritzt das Wasser in die Höhe. «Sie springen nicht aus Übermut, sondern um zu kommunizieren. Durch die Wucht ihres Aufpralls produzieren sie Geräusche, die unter Wasser noch in großer Entfernung zu hören sind», erklärt mir der Mann am Steuer des Bootes.

Er ist ein Freund von Eran und heißt Bob Janes. Ein bescheiden auftretender Typ, der bisher nur wenig gesagt hat. Wie sich herausstellt, ist Bob nicht nur unser Kapitän, sondern der Besitzer einer ganzen Flotte von Walbeobachtungsbooten. Mit Touren für Forscher und naturbegeisterte Touristen hat er ein Vermögen gemacht. Als junger Mann war er Kameramann. Vor dreißig Jahren kam er aus Kalifornien nach Alaska, die Natur ließ ihn nicht mehr los. Also kündigte er seinen sicheren Job, um Wandertouren für Touristen anzubieten, auf denen er ihnen gleichzeitig das Fotografieren beibrachte. Die Gewinne investierte er in das erste Boot. Die Wale brachten den unternehmerischen Durchbruch. Jetzt ist Bob Ende 60 und könnte das florierende Unternehmen eigentlich zufrieden an seine erwachsenen Kinder übergeben. Doch er macht sich Sorgen um die Zukunft. Er fürchtet, dass die Wale durch den Klimawandel um ihr ökologisches Gleichgewicht gebracht werden. «Wir sehen Veränderungen in der Nahrungskette. Und das wird sich auf die Wale auswirken. Hier sind wir an dem perfekten Ort, um die Wale zu studieren. Umso wichtiger ist es, dass die Erforschung des Klimawandels weitergeht. Wir brauchen nicht weniger, sondern mehr Forschung.»

Bob meint, Wissenschaftler wie sein Kumpel Eran hätten ihre Forschung der Öffentlichkeit besser präsentieren müssen. Dann hätte es der Präsident nicht so leicht gehabt, sie anzuzweifeln. Doch der hemdsärmelige Unternehmer hat schon eine Lösung im Sinn. Er wirbt bei reichen Amerikanern um Spenden, die in Zukunft die Forschung finanzieren sollen. Die Ergebnisse sollen irgendwann in einem von Bob gegründeten Ozean-Zentrum erlebbar werden. Auf einer Industriebrache in Juneau will er eine Mischung aus multimedialem Museum und Begegnungsstätte für Bürger und Forscher bauen. 24 Millionen Dollar muss Bob dafür einsammeln. Doch er ist davon überzeugt, dass die Investitionen schnell wieder eingespielt wären. Denn die Kreuzfahrtschiffe spülen der Stadt Juneau eine Million Touristen pro Jahr buchstäblich vor die Tür. So verbindet Bob Unternehmergeist mit dem Willen, die Welt ein bisschen besser zu machen. Er ist zwar schon im Rentenalter. Doch es ist nie zu spät für einen neuen amerikanischen Traum.

Es wird Abend. Bob schaltet den Motor aus und lässt uns treiben. Auf einer Boje kuscheln sich zwei Seehunde in den Schlaf. Die letzten Sonnenstrahlen brechen durch die Wolken. Das Wasser glänzt wie flüssiges Gold. Die Bühne für den Abschiedsauftritt der Buckelwale ist bereitet. Und tatsächlich strecken sich noch einmal zwei Schwanzflossen empor, synchron und in vollendeter Eleganz. «Wer an der Existenz Gottes zweifelt, muss das hier sehen», murmele ich vor mich hin. Doch Bob hat mich gehört. Schweigend nickt er mir zu. Mit dem Stolz des Meisters, dessen Lehrling sich gerade der wichtigsten Lektion würdig erwiesen hat.

Zurück zur großen Politik, die sich im Rathaus von Juneau vielleicht genauso gut erleben lässt wie im Weißen Haus. Wie Präsident Trump ist Juneaus Bürgermeister Ken Koelsch Republikaner. Die Hälfte aller Touristen, die in seine Stadt kommen, besucht den Mendenhall-Gletscher. Wie denkt der Bürgermeister darüber, dass seine Hauptattraktion dahinschmilzt? Der Bürgermeister war früher Lehrer. Man merkt ihm an, dass eigentlich er selbst sich in der Position sieht, die Fragen zu stellen. «Es tut uns schon leid, dass wir unseren Gletscher hier in der Stadt verlieren. Aber wenn wir lange genug leben, kommt er vielleicht zurück. Allerdings glaube ich nicht, dass ich das noch erleben werde», sagt Koelsch. Er schiebt ein kurzes Lachen hinterher, aber eigentlich meint er das durchaus ernst. «Nur 50 Kilometer südlich von hier haben wir Gletscher, die wachsen. Sie sollten dahin fahren und sich den Taku-Gletscher ansehen. Der wächst!»

Was der Bürgermeister nicht erwähnt: Der besagte Taku-Gletscher ist der einzige größere von 140 Gletschern des Juneau-Eisfeldes, der noch wächst. Koelsch bestreitet zwar nicht den Klimawandel an sich. Wie groß der menschliche Anteil daran sei, könne er jedoch nicht sagen. Er sei schließlich kein Wissenschaftler. Außerdem betont Koelsch, dass es im Laufe der Geschichte schon immer wechselnde Klimabedingungen gegeben habe. Eines wisse er auf jeden Fall ganz sicher: Trumps Ankündigung, aus dem Pariser Klimaabkommen auszutreten, sei goldrichtig gewesen. «Was haben wir davon? Wir Amerikaner sollten drei Milliarden Dollar pro Jahr ausgeben. Aber der angestrebte Effekt, die Erderwärmung auf unter zwei Grad Celsius zu begrenzen, ist doch winzig klein.» Stattdessen müsse man endlich auch einmal die Vorteile des Klimawandels in den Blick nehmen. Das Eis im Arktischen Ozean sei so stark geschmolzen, dass inzwischen die ersten großen Kreuzfahrtschiffe die Nordwestpassage durchqueren konnten. Auch für den Welthandel würden sich dadurch enorme Vorteile bieten. Und wenn die Frachtschiffe eine Abkürzung nähmen, spare das auch Treibstoff – was ja schließlich gut für die Umwelt sei.

Am Ende dieses denkwürdigen Gespräches schenkt mir der Bürgermeister einen schmuckvollen Anstecker mit dem Stadtwappen von Juneau. Ich könne ihn ja meiner Tochter mitbringen. Artig bedanke ich mich. Doch es liegt schon ein viel besseres Mitbringsel für Emilia in meiner Reisetasche. Am Strand von Shishmaref habe ich eine Schneckenmuschel gefunden. Zunächst wird Emilia sich nur an ihrer Schönheit erfreuen. Aber sobald sie groß genug ist, werde ich ihr erklären, dass ihre Muschel eine Geschichte erzählt: die Geschichte einer Insel, die dann vielleicht schon im Meer versunken ist.

Wach auf, Amerika!

Meine Suche nach dem verlorenen Traum endet dort, wo sie begonnen hat – vor dem Lincoln Memorial in Washington. Hier, wo Anna und ich uns verlobt haben und meine Beschäftigung mit dem amerikanischen Traum begann, treffe ich jetzt eine Frau namens Jinhye Jo. Sie hat einen weiten Weg hinter sich, von Nordkorea bis nach Amerika. Das Lincoln Memorial hat sie als Treffpunkt ausgewählt, um mir ihre Geschichte zu erzählen.

Jinhyes Familie floh vor einer Hungersnot aus Nordkorea. Dabei geriet ihr Vater in Gefangenschaft und wurde umgebracht. Ihre Schwester wurde zur Prostitution gezwungen. Ihre Großmutter und zwei kleine Brüder verhungerten. «Wenn ich hier auf den Stufen des Denkmals Kinder mit ihren Eltern sehe, muss ich sofort an meine Brüder und meinen Vater denken», sagt die 30-Jährige traurig. Auch sie war auf der Flucht gefasst worden. Ein Jahr und drei Monate verbrachte sie im Gefängnis, sie wurde gefoltert. Einmal zwangen die nordkoreanischen Wachen sie, nur in Unterwäsche durch Schnee zu laufen.

«Eine Stunde musste ich dadraußen sein. Ich war verkühlt und konnte mich kaum noch bewegen, als sie mich wieder hereinließen. Dann musste ich mich dicht an ein Feuer stellen, weil der Wachmann wusste, dass das sehr weh tut. Mein ganzer Körper war rot und schwoll an. Ich habe fast vier Stunden lang nur geweint.»

Im Gefängnis habe sie immer wieder für dieselben drei Dinge gebetet, sagt Jinhye. Sie wollte überleben. Sie wollte nach Amerika entkommen. Und sie wollte irgendwann einmal ein rotes Auto besitzen, wie sie es in einem Film gesehen hatte. Mit viel Glück überlebte sie. Und tatsächlich entkam sie nach Amerika. Ein koreanisch-amerikanischer Pastor kaufte Jinhye frei, für 10 000 Dollar Schmiergeld, das an nordkoreanische Beamte floss. Mit Hilfe des Pastors kam sie im Jahr 2008 in die USA.

Die Voraussetzung dafür hatte Präsident George W. Bush mit einem Menschenrechtsgesetz geschaffen, das es Nordkoreanern wie Jinhye ermöglichte, als Flüchtling in die USA einzureisen.

Inzwischen hat sie eine Organisation für Exilnordkoreaner gegründet. Sie leistet Fluchthilfe, sammelt Geld und berichtet unermüdlich über ihre schrecklichen Erlebnisse in der Diktatur, um auf das Leiden ihrer Landsleute aufmerksam zu machen. Sogar vor dem amerikanischen Kongress und vor den Vereinten Nationen hat sie schon gesprochen. Nur wenige Menschen können öffentlich solche authentischen Einblicke hinter die Kulissen Nordkoreas geben. Neben ihrer Arbeit für die Organisation hat sie die Abendschule besucht und gründet nun ihr eigenes Unternehmen, einen Pflegedienst. «Mehr als ich kann man den amerikanischen Traum wohl kaum leben», sagt Jinhye.

Auf meinen Reisen habe ich aber auch ein Amerika kennengelernt, in dem harte Arbeit und der Glaube an eine bessere Zukunft immer seltener Berge versetzen können. Vielerorts habe ich die Menschen nicht mehr als optimistisch erlebt, sondern als verzweifelt und ängstlich. Ich denke an die Route 66 zurück und an den alten Trucker Tom, der fahren muss, bis er tot umfällt, weil seine Rente nicht zum Leben reichen würde. Ich sehe den Mechaniker Mike vor mir, der fürchtet, dass ihm noch einmal ein Chinese den Job wegnehmen könnte. Ich denke auch an Chad und seine Kumpel in der Kohlegrube, die mir von ihrer Angst erzählten, ihre Arbeitsplätze zu verlieren. Mir kommen die Spieler in Las Vegas in den Sinn, denen nur noch die Hoffnung auf Glück im Spiel geblieben war, und der Taxifahrer, der Angst davor haben musste, dass er irgendwann durch ein selbstfahrendes Auto ersetzt wird.

Ich denke an die liebenswerte Cowboyfamilie Hughes in Texas, die ihre Kinder lieber zu Hause auf der Ranch unterrichten lässt, weil draußen in der Stadt der schlechte Einfluss der Globalisierung lauere.

In Montana musste ich erleben, was passiert, wenn Angst in Hass umschlägt. Der Treibstoff der rechtsextremen Alt-Right-Bewegung ist die Angst vor dem Tag, an dem die weißen Amerikaner in der Minderheit sein werden. Angst vor Überfremdung und vor Terrorismus erlebte ich auch in Kentucky. Der tosende Jubel von Tausenden Amerikanern für Präsident Trump und sein Einreiseverbot gegen mehrheitlich muslimische Länder und die Mauer an der Grenze zu Mexiko klingt mir noch heute in den Ohren. Genau vor Augen habe ich noch meine Begegnung mit dem Cowboy Jim Chilton in der Wüste Arizonas, der aus Angst vor den mexikanischen Drogenschmugglern immer ein Gewehr bei sich trägt und hofft, dass Trump seine Mauer auf dem Grundstück seiner Ranch errichten wird.

Viele dieser Ängste wurden vom amerikanischen Polit-Establishment und von den Medien lange ignoriert, oft sogar belächelt. So entstand die Sehnsucht der Massen nach einem krachenden Bruch mit dem System. Darin erkannte der Außenseiter Donald Trump instinktsicher seine Chance. Doch viele gesellschaftliche, wirtschaftliche und politische Entwicklungen, die Trumps nationalistischem Triumphzug den Weg bereiteten, hatten schon lange vor der Präsidentschaftswahl 2016 eingesetzt. Trump ist nicht die Ursache für die Spaltung der amerikanischen Gesellschaft, er bringt sie nur brutal zum Ausdruck.

Und er treibt sie lustvoll weiter voran. Statt die Ängste seiner Bürger zu lindern, schürt der Präsident sie und transformiert sie in Wut. Während Trump irritierend lange keine Worte fand, um die rechtsextremen Gewalttaten mit einem Todesopfer in Charlottesville zu verurteilen, beschimpfte er wenig später einige afroamerikanische Footballspieler wörtlich als «Hurensöhne». Sie hatten sich aus Protest gegen Polizeigewalt gegen schwarze Amerikaner während der Nationalhymne hingekniet, statt mit der Hand auf dem Herzen zu stehen. In der gezielten Spaltung der Gesellschaft sieht der amerikanische Intellektuelle Noam Chomsky eine bewusst gewählte Strategie, um das Volk abzulenken und schleichend zu entmachten, während gleichzeitig die Macht der wenigen ausgebaut wird.

Angesprochen auf den Zustand des amerikanischen Traums, haben mich viele meiner Gesprächspartner mit ihren Antworten überrascht oder erhellt, andere haben mich etwas ratlos zurückgelassen, manche sogar verstört. Und auch mit einigem Abstand fällt es mir schwer, mir aus all diesen Momentaufnahmen ein Gesamtbild von Amerika verschaffen. «Es gibt nicht das eine Amerika. Es gibt 50 vereinigte, aber sehr verschiedene Staaten von Amerika», hat mir ein amerikanischer Freund einmal gesagt. Seitdem hüte ich mich vor pauschalen Aussagen über die USA. Und doch stehen die Menschen, die ich auf meinen Reisen kreuz und quer durch das Land getroffen habe, für Entwicklungen, die für ganz Amerika gelten.

Das Land ist politisch, wirtschaftlich und kulturell tief gespalten. Republikaner und Demokraten stehen sich so feindselig gegenüber wie nie zuvor. Die Schere zwischen Arm und Reich geht immer schneller und immer weiter auseinander. Küsten und Kernland, Stadt und Land wirken wie zwei komplett verschiedene Welten. Die USA sind auch ein Land unterschiedlicher Geschwindigkeiten. Während die Visionäre im Silicon Valley die Eroberung des Mars planen, hoffen die Hillbillys in West Virginia auf eine Rückkehr in die gute alte Zeit der 1950er Jahre. Glaubt eine so tief gespaltene Gesellschaft überhaupt noch an den amerikanischen Traum?

Laut einer Umfrage des Pew Research Center denken 36 Prozent der Befragten US-Bürger, dass sich ihr amerikanischer Traum erfüllt hat. 46 Prozent glauben, dass sie auf dem Weg sind, ihn zu erreichen. 17 Prozent sehen ihn für sich selbst außer Reichweite. Auffällig ist, dass es je nach Hautfarbe und Bildungsstand große Unterschiede in der Selbsteinschätzung gibt. Während 41 Prozent der weißen Amerikaner erklären, dass sich ihr amerikanischer Traum erfüllt hat, glauben dies nur weniger als halb so viele schwarze US-Bürger. Und deutlich mehr Menschen mit Hochschulabschluss sind der Meinung, sie hätten den amerikanischen Traum erreicht, als Menschen mit niedrigen Bildungsabschlüssen. Doch Bildung ist in den USA sehr teuer, und für die Aufnahme an einer renommierten Universität sind längst nicht mehr nur gute Noten entscheidend, es ist auch ein gutes Netzwerk nötig. Statistiken zeigen, dass die Chance, eine Universität zu besuchen, für Kinder von afroamerikanischen Mittelklasse-Familien deutlich niedriger ist als für weiße Kinder.

Die Erfüllung des amerikanischen Traumes ist immer mehr den weißen, gut gebildeten Amerikanern vorbehalten. Und während die Reichen immer reicher werden, werden die Armen immer ärmer. Sogar der Milliardär Warren Buffett kritisiert inzwischen, dass das reichste eine Prozent der Gesellschaft 20 Prozent des gesamten amerikanischen Vermögens besitzt. Die «unteren» 50 Prozent teilen lediglich 12 Prozent des gesamten amerikanischen Vermögens unter sich auf. Ein Beispiel, um den Kontrast zu veranschaulichen: Die 25 bestverdienenden Hedgefonds-Manager erhalten zusammen mehr als alle 158 000 Kindergarten-Erzieher Amerikas zusammen. «Der Wirtschaft geht es gut, den Amerikanern allerdings nicht so sehr», bekannte Buffet in einem Interview. Es müsse mehr für die weniger gutgestellten Menschen getan werden.

Und was tut der Präsident, der nach eigenen Worten angetreten ist, um den «amerikanischen Traum zu erneuern»? Was ist seine Antwort auf die zunehmende soziale Ungleichheit in den USA? Er verabschiedet die größten Steuersenkungen seit Jahrzehnten. Doch davon profitieren vor allem Unternehmen und Reiche – wie der Präsident selbst. Trump und seine Familie werden laut Schätzungen durch die Reform in den kommenden zehn Jahren rund eine Milliarde Dollar sparen. Amerikaner mit mittleren und kleinen Einkommen hingegen werden kaum entlastet. Trump argumentiert, die Steuersenkungen würden zu einem Aufschwung für die US-Wirtschaft führen, von dem am Ende alle Amerikaner etwas hätten. Er verweist auf die schon jetzt boomende Börse und relativ niedrige Arbeitslosenzahlen.

Trump sieht sich in der Tradition Ronald Reagans, der in den 1980er Jahren ebenfalls massiv die Steuern für US-Unternehmen gesenkt hatte. Das dadurch angefachte Wirtschaftswachstum würde von oben bis in die Mittel- und Unterschicht «durchsickern», so seine Logik. Doch Studien zeigen, dass Reagans Rechnung so nicht aufging. Stattdessen explodierten die Staatsschulden. Die Folgen von Trumps Steuerreform könnten ähnlich aussehen: Prognosen des Ausschusses für Steuerfragen im Kongress rechnen mit zusätzlichen Schulden in Höhe von mehr als einer Billion Dollar – selbst wenn man das erhoffte Wirtschaftswachstum einberechnet. Um die Einnahmeausfälle des Staates durch Trumps Steuersenkungen irgendwie aufzufangen, müssen an anderer Stelle Staatsausgaben gekürzt werden.

Und Trump hat bereits einen Plan, er will beim US-Gesundheitssystem die Axt anlegen. Für Medicare und Medicaid, die Gesundheitsfürsorgeprogramme für Menschen mit geringem Einkommen, Kinder, ältere Menschen und Menschen mit Behinderungen soll die staatliche Finanzierung innerhalb der kommenden zehn Jahre um rund 1500 Milliarden Dollar gekürzt werden. Mehr als 120 Millionen Amerikaner wären davon betroffen.

Als diese Zahlen bekannt werden, muss ich an Wendy und ihre schwerbehinderte Tochter Amelia denken, die ich in Kentucky besucht habe. Die staatlichen Zuschüsse für Amelias Therapien werden gekürzt, um die Steuersenkungen für Reiche und Unternehmen zu finanzieren. Das ist keine linke Zuspitzung, sondern ein Fakt. Trump und seine Republikaner haben weniger die Sorgen und Nöte der einfachen Amerikaner im Sinn, sondern vor allem die Interessen der vielen Großspender, die sie sich für die nächste Wahl gewogen halten müssen.

Widerstand gegen diese Politik, die gesellschaftliche Gegensätze weiter verschärfen wird, regt sich bisher nur vereinzelt. Massendemonstrationen habe ich in Washington nur rund um Trumps Amtseinführung erlebt und später in vielen Teilen des Landes gegen sein Einreiseverbot.

Aber in meiner persönlichen Wahrnehmung ist der Protestbewegung schnell die Luft ausgegangen.

Vielleicht sind viele empörte Amerikaner schon ermüdet und abgestumpft. Dazu mögen die Medien beigetragen haben. Viele amerikanische TV-Sender sind zu reinen Echokammern degeneriert. Je nach Auswahl des Senders findet jeder seine politische Meinung bestätigt, sei sie auch noch so schrill. Doch ein sachlicher Diskurs findet kaum noch statt. Wenn ich in den USA den Fernseher einschalte, um mich über Politik zu informieren, habe ich immer öfter das Gefühl, eine Reality-TV-Show zu sehen. Kein Wunder, dass viele Jugendliche eher unpolitisch wirken. Die Beschäftigung mit Aufstiegschancen reduziert sich oft nur noch auf die Bewunderung von Sportstars oder Gangstern, die es zu Hiphop-Halbgöttern gebracht haben.

Dabei ist Trumps Politik nicht alternativlos. Dass Präsidenten eine Antwort auf soziale Ungleichheit finden können, bewies Franklin D.Roosevelt in den 1930er Jahren. Er regulierte die Finanzmärkte und brachte eine Reihe von Sozialgesetzen auf den Weg, etwa die Einführung von Sozialversicherungen und die Stärkung der Arbeitslosenversicherung. Inmitten der Weltwirtschaftskrise gab Roosevelt mit seiner massiven Interventionspolitik einer am Boden liegenden Nation neue Hoffnung. Während Deutschland in der Weltwirtschaftskrise in eine Diktatur abstürzte, gelang es den Vereinigten Staaten, die Demokratie zu bewahren. Ihr Retter Roosevelt hatte mit seiner als «New Deal» bekannt gewordenen Sozialpolitik

Geschichte geschrieben. Der selbst ernannte Deal-Maker Trump hat einen entgegengesetzten Kurs eingeschlagen.

Wenn der Widerstand dagegen sich in Grenzen hält, so liegt dies auch an der Überzeugung vieler Amerikaner, dass es nicht zu den Aufgaben des Staates gehört, Ungleichheit zu bekämpfen – auch wenn sie selbst darunter leiden. «Ich hätte ja Millionär werden können. Aber ich habe eben Pech gehabt», erklärte mir einmal ein obdachloser Veteran im Brustton der Überzeugung. Obwohl er für sein Land in Vietnam gekämpft und dabei ein Bein verloren hatte und obwohl seine Rente nicht einmal zum Leben reichte, wäre er niemals auf die Idee gekommen, seinen Staat in der Pflicht zu sehen. Der Glaube, dass jeder seines eigenen Glückes Schmied ist und es im Zweifelsfall auch ohne die Hilfe des Staates packen muss, ist ein fester Bestandteil des amerikanischen Traumes. «Wach auf, Amerika!», möchte ich manchmal rufen.

Anlass zu Optimismus bietet die wechselvolle Geschichte der USA. Egal, wie groß das Trauma auch war, die amerikanische Gesellschaft ist immer wieder fähig gewesen, sich neu zu erfinden. Selbst Nixon mit seiner Watergate-Affäre hat das Land irgendwie verkraftet. Die Bürgerrechts- und Antikriegsbewegungen in den 1950er und 1960er Jahren sind legendär. Und auch wenn die heutige Protestkultur nicht vergleichbar ist, so gibt es dennoch Anzeichen für eine lebendige Demokratie und Justiz. Zumindest vorübergehend haben einige Gerichte das umstrittene Einreiseverbot von Präsident Trump gestoppt. Und seinem Feldzug gegen illegale Einwanderer stellt sich eine ganze

Reihe von amerikanischen Großstädten in den Weg, deren Behörden sich weigern, illegale Immigranten oder deren «Dreamer» genannte Kinder abzuschieben.

«Wir werden nicht unsere Geschichte verleugnen und unsere Zukunft verbauen. Menschen aus aller Welt sind in diese Stadt gekommen, um dem amerikanischen Traum zu folgen», erklärte etwa Rahm Emanuel, der Bürgermeister von Chicago.

Auch gegen den angekündigten Austritt aus dem Pariser Klimaschutzabkommen regt sich tatkräftiger Widerstand. Mehr als 80 Bürgermeister sowie die Gouverneure großer Bundesstaaten wie Kalifornien, New York, Washington, Massachusetts, Oregon und Colorado betonten, dass sie dem Klimaabkommen verpflichtet bleiben. Konkret schaffen sie zum Beispiel weiterhin Anreize für Investitionen in erneuerbare Energien und Elektromobilität.

Solche Nachrichten kommen selbst im hintersten Winkel Alaskas an, wo sie Esau Sinnok freuen und ermutigen. Obwohl seine Insel Sarichef wegen der Folgen des Klimawandels nach und nach im Meer versinkt, kämpft der neunzehnjährige Inupiat tapfer für eine bessere Zukunft. Überall in den USA macht er auf das Schicksal seiner Gemeinde aufmerksam. Selbst im Angesicht eines ignoranten Präsidenten und des drohenden Untergangs seiner Heimat zeigt Esau Sinnok einen unerschütterlichen Optimismus. Er glaubt noch immer ganz fest an den amerikanischen Traum.

Genau wie Jinhye, die aus Nordkorea geflohen ist und in Amerika ihr Glück gefunden hat. Während unseres Gespräches am Lincoln Memorial blickt sie immer wieder demütig zu dem übergroß in Marmor verewigten Befreier der Sklaven hinauf. Als unser Interview beendet ist, begleite ich Jinhye noch zum Parkplatz. Natürlich will ich wissen, ob auch der dritte Wunsch erhört wurde, für den sie im Gefängnis in Nordkorea gebetet hat. Und tatsächlich: Sie fährt in einem roten Auto davon.

Es gibt sie noch, diese Geschichten vom amerikanischen Traum, der sich erfüllt. Auch wenn sie manchmal fast zu schön klingen, um wahr zu sein.

Dank

Only teamwork makes the dream work. In diesem Sinne möchte ich die Gelegenheit nutzen und von ganzem Herzen einigen Menschen danken, die mich bei meinem Traumjob als Amerika-Korrespondent tatkräftig unterstützen. Für die Fernsehzuschauer ist oft nicht sichtbar, wie viele Menschen an der Produktion eines Beitrages in der *Tagesschau*, den *Tagesthemen* oder einer *Weltspiegel*-Reportage mitwirken. Dabei müssen viele Rädchen ineinandergreifen, von Producern, Kamera, Ton, Technik und Schnitt über Archiv bis hin zu Sekretariat und Verwaltung. Ohne die aufopferungsvolle Unterstützung des Dream-Teams im Studio Washington wäre eine so intensive Berichterstattung in solch bewegten Zeiten nicht möglich.

Der Westdeutsche Rundfunk mit seinem Intendanten Tom Buhrow hatte den Mut, mich als relativ jungen Korrespondenten nach Amerika zu schicken. Für dieses Vertrauen bin ich ewig dankbar. Ebenso danke ich der Fernsehdirektion des WDR und meiner Abteilung Ausland für die Unterstützung im Arbeitsalltag. Sich auch in stürmischen Zeiten auf die Rückendeckung der Kolleginnen und Kollegen verlassen zu können bedeutet mir viel. Mit vielen praktischen Tipps hat mir Rüdiger Paulert den Start in Washington erleichtert.

Rowohlt sei «ein amerikanischer Verlag, der zufällig in Deutschland liegt», hat Thomas Wolfe einmal gesagt. So bin ich besonders glücklich, in diesem «amerikanischen Verlag» eine publizistische Heimat gefunden zu haben. Dieses Buch wäre ohne die Initiative von Uwe Naumann vom Rowohlt Verlag niemals entstanden. Er ist nicht nur bereits vor der Wahl Donald Trumps zum US-Präsidenten mit seiner Idee für ein Buch über Amerika an mich herangetreten. Er ist auch das Wagnis eingegangen, mir maximale kreative Freiheit einzuräumen. Danke dafür!

Frank Strickstrock war ein Lektor, wie ihn sich jeder Autor nur wünschen kann: kenntnisreich, erfahren und leidenschaftlich. Tausend Dank für die jederzeit professionelle und vor allem äußerst angenehme Zusammenarbeit über den Atlantik hinweg.

Auch Gregor Busch und Helge Fuhst danke ich für wertvolle Ratschläge.

Ein besonderer Dank gilt all den Amerikanern, die mir für dieses Buch nicht nur ihre Türen, sondern auch ihre Herzen geöffnet haben.

Meine Frau Anna Maria ist im besten Sinne des Wortes meine größte Kritikerin. Als Erstleserin dieses Buches hat sie mich mit ihrem analytischen Blick der Juristin zu mancher Präzisierung ermutigt und mit klugen Nachfragen an den richtigen Stellen mein Urteil geschärft. Auch in jeder anderen Lebenslage bin ich unbeschreiblich glücklich und dankbar, sie an meiner Seite zu wissen – ganz besonders beim Abenteuer Amerika. Danke, Anna, für diesen gemeinsamen Traum.

MIX
Papier aus verantwortungsvollen Quellen
FSC® C083411
FSC
www.fsc.org

Das für dieses Buch verwendete Papier ist FSC®-zertifiziert.